AF453765

LES PLUS BEAUX ÉDIFICES

DE

LA VILLE DE GÊNES

ET DE SES ENVIRONS.

DEUXIÈME PARTIE.

LES PLUS BEAUX ÉDIFICES

DE

LA VILLE DE GÊNES

ET DE SES ENVIRONS.

RECUEIL PUBLIÉ

PAR M. P. GAUTHIER,

ARCHITECTE DU GOUVERNEMENT.

A PARIS,

CHEZ L'AUTEUR, RUE THÉRÈSE, N° 8.

IMPRIMERIE DE JULES DIDOT L'AINÉ, RUE DU PONT-DE-LODI, N° 6.

M. DCCC. XXXII.

EXPLICATION

DES PLANCHES

CONTENUES DANS LA SECONDE PARTIE DE CET OUVRAGE.

Étant arrivé à la fin de cette seconde partie, nous la terminerons par les explications des planches qu'elle contient et la liste des souscripteurs qui ont bien voulu encourager de longs travaux entrepris dans le seul but d'être utile à l'art auquel nous nous sommes consacré.

PALAIS PALLAVICINI,

DIT *DELLE PESCHIERE.*

1. Plan général.
2. Plan du rez-de-chaussée et du premier étage.
3. Élévation sur la cour et sur le jardin.
4. Coupe principale et salle de bains.
5. Plan, coupe et élévation de la grotte.
6. Vue générale.

Le palais Pallavicini, situé au haut de la montée qui conduit à *San Bartolomeo*, près de la promenade de *l'Aqua Sola*, fut bâti vers l'année 1537 sur les dessins et sous la direction de *Galeasso Alessi.* La belle disposition du plan, la proportion des élévations dont le goût ne le cède point à la richesse des ornements, la jolie grotte du jardin et sur-tout la position admirable de ce palais, en font l'une des habitations les plus remarquables des environs de la ville.

CAFÉ

DANS LES JARDINS DURAZZO.

7. Plan, coupe et élévation du café.

Cet édifice, bâti sur le bord de la rivière de la *Polcevera,* est d'une proportion agréable. On remarque dans l'intérieur un petit escalier pratiqué avec beaucoup d'adresse dans l'épaisseur du mur pour descendre au laboratoire qui est au-dessous. Ce café construit en marbre et en pierre fut exécuté sur les dessins de l'architecte *Andrea Tagliafico,* associé étranger de l'Institut de France.

VILLA PALLAVICINI,

A *SAN PIER D'ARENA.*

8. Plan du rez-de-chaussée.
9. Coupe et élévation.

Un plan disposé avec art et simplicité, et des élévations d'un style sévère, distinguent cette habitation. Cependant il seroit à desirer que la grande pièce du rez-de-chaussée qui donne entrée à l'escalier fût mieux éclairée ; et l'on regrette que l'architecte, dont on ignore le nom, ait employé à orner les pilastres de l'extérieur une sculpture du genre arabesque qui auroit d'autant mieux convenu à l'intérieur qu'il est sans ornements.

VILLA SPINOLA,

A *SAN PIER D'ARENA.*

10. Plan général.

11. Plan détaillé et élévation sur le jardin.

12. Élévation sur la cour.

13. Coupe principale.

La villa Spinola est l'une des plus riches et des plus agréables des environs de Gênes. On remarque sur-tout les deux treilles qui ornent le jardin, et la belle proportion de la grande salle du premier étage, dont la décoration peinte à fresque est magnifique. On ignore le nom de l'architecte.

PALAIS SAOLI,

A *SAN PIER D'ARENA.*

14. Plan du rez-de-chaussée.

15. Coupe transversale et élévation principale.

Ce palais se fait remarquer par la disposition à-la-fois grande et simple de son plan, la belle proportion de ses élévations, et l'agrément des trois jolies loges du premier étage, chose presque indispensable dans un pays où la vue a tant de charmes. On ne sait pas précisément le nom de l'architecte ; mais le caractère de l'architecture de cet édifice doit faire présumer qu'il fut construit sous la direction de *Galeasso Alessi.*

PALAIS GRIMALDI,

A *SAN PIER D'ARENA.*

16. Plan du rez-de-chaussée.

17. Coupe principale.

17 *bis.* Élévation et coupe transversale.

La cour qui précède ce palais, et qui est ornée de bancs et de larges trottoirs, le perron en avant du portique, la belle division du plan dont l'escalier est si bien placé en face de l'entrée, indiquent assez que la direction de cet édifice a été confiée à un architecte habile ; en effet, ce palais est dû au *talent de Galeasso Alessi.*

PALAIS SERRA,

A CORNEGLIANO.

18. Plan du rez-de-chaussée.
19. Élévation principale.
20. Coupe transversale.
21. Vue prise du jardin.

Cette habitation qui est attribuée à l'architecte *Andrea Tagliafico* est construite sur un tertre élevé auquel on peut arriver en voiture par des pentes douces bien conçues. Le plan est commodément distribué ; ses élévations sont d'une assez bonne proportion : cependant les fenêtres sont trop rapprochées les unes des autres ; mais les deux pavillons de marbre blanc qui existent des deux côtés de la façade principale font un bel effet.

VILLA FRANSONI,

A ALBARO.

22. Plan général.
23. Coupe générale.
24. Élévation principale.
24 *bis*. Vue générale.

La villa Fransoni passe à juste titre pour l'une des plus intéressantes des environs de Gênes. L'on n'y parvient qu'après avoir parcouru une treille d'environ trois cent quarante pieds de longueur. En sortant de cet agréable couvert l'on aperçoit le bâtiment principal, dont l'architecture, d'un caractère un peu sévère peut-être pour la campagne, produit cependant beaucoup d'effet. La volière qui fait face à l'habitation, les deux pavillons de la terrasse qui domine les jardins des environs, la grotte, les escaliers qui conduisent au jardin du sol inférieur, donnent beaucoup d'agréments à cette villa, dont le site est d'ailleurs très pittoresque.

PETIT TEMPLE ANTIQUE,

A ALBENGA.

25. Plan, coupe et élévation.

Cet édifice sert maintenant de baptistère. Sa construction date du temps de l'empereur *Procole*, né dans cette ville, située sur le littoral, au couchant et à 60 milles de Gênes. Ce petit temple est d'une architecture simple et de bon goût. Il est construit en pierre et brique, et les colonnes sont en granit d'un seul morceau.

EXPLICATION DES PLANCHES.

VILLA GIUSTINIANI,

A ALBARO.

26. Plan du **rez-de-chaussée** et élévation principale.
27. Élévation postérieure et coupe principale.
28. Plan et coupe de la loge au premier étage.
29. Vue prise de l'entrée principale.

Cette villa, qui appartient maintenant à la famille Cambiaso, fut construite vers l'année 1537 par l'*architecte Galeasso Alessi*. Elle se fait remarquer par le bon goût de ses ornements, la belle ordonnance de son architecture, et la loge du premier étage l'une des plus magnifiques de l'Italie.

VILLA SPINOLA,

A *SESTRI-DI-PONENTE*.

30. Plan général.
31. Élévation et coupe principales.
32. Vue générale.

La villa Spinola est remarquable par son ensemble, la disposition à-la-fois pittoresque et symétrique de ses constructions, le nombre et l'étendue de ses terrasses, l'agrément de ses jardins, et par son admirable position. Enfin c'est une maison de plaisance dans toute l'acception du mot. On ignore le nom de l'architecte.

VILLA D'ANGELO,

PRÈS DE LA RIVIÈRE DE LA *POLCEVERA*.

33. Plan général.
34. Élévation et coupe principales.
35. Plan et élévation de la loge sur le jardin, et plan d'une nymphée.

Cette habitation présente un plan sagement conçu, des élévations d'une bonne proportion et d'une grande simplicité. Cependant, malgré son heureuse situation à mi-côte, les agréments d'une belle terrasse et la fraîcheur de ses ombrages, on ne peut se défendre d'une certaine tristesse qui s'empare de l'ame, et qui vient peut-être de ce que l'architecte *Galeasso Aleassi* a eu le tort de faire une maison de ville à la campagne.

VILLA DORIA,

A *SAN PIER D'ARENA*.

36. Plan général et coupe principale.

37. Plan, coupe et élévation de l'habitation.

38. Plan, coupe et élévation de la grotte.

La disposition générale du plan de cette habitation présente une originalité qui approche de la bizarrerie ; cependant il est difficile de ne pas être frappé de l'effet pittoresque qu'elle produit. Il est pourtant présumable qu'elle en produiroit davantage encore, si les lignes droites eussent été moins sacrifiées à l'emploi des lignes courbes ; mais le bâtiment principal, construit par *Andrea Tagliafico*, présente un plan sagement conçu et des élévations d'une simplicité qui contraste singulièrement avec les sinuosités des avenues.

ÉGLISE,

A *SESTRI-DI-PONENTE.*

39. Plan, coupes longitudinale et transversale.

En entrant dans cette église on est frappé de la largeur de la nef et sur-tout de la hardiesse de la voûte, et l'on se demande comment une voûte de cette dimension peut être supportée par des murs dont l'épaisseur ne paroît pas suffisante pour résister à un tel effort ; mais en étudiant la construction de cette voûte, l'on reconnoît que l'architecte a résolu le problème par un moyen aussi ingénieux qu'économique. Ce sont de simples arceaux en brique qui s'élèvent à plomb seulement des pilastres, dont l'entre-deux est rempli par une maçonnerie légère en blocage, et l'intervalle des arceaux au-dessus des fenêtres par des cannes ou roseaux cloués sur un bâtis en bois et recouvert d'enduit. On ignore quel fut l'architecte de cet édifice dont la façade n'a point été achevée.

VILLA DURAZZO,

ALLO LERBINO.

40. Plan général et coupe longitudinale.

41. Plan du rez-de-chaussée et coupe principale.

42. Plan et coupe de la grotte.

43. Vue générale de la colline du Lerbino.

Cette villa est située sur un plateau avancé et dominant la vallée du Lerbino, de sorte que l'on a devant soi la mer et le faubourg de *Porta Romana*, à droite la ville de Gênes, et à gauche la colline d'Albaro. Elle fut construite sous la direction de l'architecte *Bartolomeo Bianco*. L'édifice principal se distingue plutôt par la bonne disposition de son plan que par la beauté de son architecture ; mais la grotte qui est à gauche de l'habitation, et à laquelle on descend par un grand escalier qui conduit en même temps aux vignes et parterres dont le plateau est entouré, la grande terrasse, et sur-tout la position, en font un séjour enchanteur.

COUVENT

DE LA *CHIAPELLA*.

44. Plan, coupe et élévation.

Cet ancien couvent sert aujourd'hui d'hôpital militaire. Il fut bâti en 1650 lors de la peste de Gênes pour servir de lazaret. Il se fait remarquer par la simplicité de ses élévations, l'heureuse disposition de son plan, et la grandeur des rampes qui le précèdent. On ignore le nom de l'architecte.

VILLA *DU SCOGLIETTO.*

45. Plan général et coupe principale.

Cette villa, qui appartient maintenant à la famille Durazzo, est située en regard du port, sur le rampant de la montagne qui existe entre la ville et San Pier d'Arena; de sorte que l'on a à droite le phare et le môle neuf, et à gauche la ville de Gênes. L'architecture de cette villa ne présente rien de bien particulier; mais la disposition de toutes les terrasses ornées de grottes et de cascades, le bois qui l'environne, et sur-tout sa situation, rendent cette habitation des plus agréables. *Andrea Tagliafico* en fut l'architecte.

VILLA BRIGNOLE,

A *VOLTRI.*

46. Plan général.

47. Vue générale.

La villa Brignole, qui appartient maintenant à madame la duchesse de Dalberg, est située au-dessus du bourg de Voltri en face de la mer.

Le bâtiment principal n'offre rien de très remarquable; mais la vigne qui précède disposée en galeries couvertes qui se croisent de manière à procurer d'agréables promenades sans être exposé à l'ardeur du soleil, les rampes, les terrasses, le bois qui l'ombrage, et la situation pittoresque de cette habitation qui domine presque tout le littoral de Gênes, en font un charmant séjour. On ne sait qui a dirigé la construction primitive de cette villa, mais sa restauration est due à l'architecte *Simone Cantone.*

VILLA IMPERIALE,

A *SAN PIER D'ARENA.*

48. Plan général et coupe longitudinale.

49. Plan du rez-de-chaussée et élévation principale.

49 *bis.* Vue générale.

La villa Imperiale, qui est actuellement la propriété du savant médecin *Scassi*, est l'une des plus vastes et des plus belles des environs de Gênes. On y trouve en effet un plan disposé avec beaucoup d'art, des élévations bien proportionnées, des jardins largement dessinés et ornés de grottes, de rampes, de pièces d'eau, et de fontaines charmantes. *Galeasso Alessi* en fut l'architecte.

VILLA *DELL' ALBERO D'ORO.*

5o. Plan, coupe et élévation.

Cette propriété, qui appartenoit à la famille *Vivaldi,* passa ensuite à la famille *Imperiale.* Elle se distingue par un plan général heureusement disposé, les deux loges du premier étage, la grande salle de cet étage, les grottes et les treilles du jardin. Cette villa est située dans la vallée de Bisagno, et sa construction est attribuée à l'architecte *Giovanni Baptista Castello Bergamasco.*

PALAIS DU PRINCE DORIA,

PRÈS LA PORTE DE *SAN TOMASO.*

5i. Plan général et coupe principale.

52. Vue prise du côté du port.

53. Plafond du vestibule.

54. Décoration de la salle principale du premier étage.

55. Vue prise sous le portique du côté du jardin.

56. Plan et élévations de la fontaine principale.

57. Fontaine particulière et décoration de la voûte de la galerie au premier étage.

58. Plan et coupe de la grotte.

5g. Vue de la grotte.

6o. Vue de la treille.

6i. Détails de la treille.

Ce palais situé à l'entrée de Gênes et en face du port, domine une grande partie de la ville. Sa position ravissante, l'étendue et l'agrément de ses jardins et de ses nombreuses terrasses, la beauté et la richesse de ses constructions, en font véritablement un séjour délicieux et digne d'un souverain.

Le palais séparé de ses accessoires se fait plutôt remarquer par la richesse de ses détails que par la beauté de son plan; mais il est entouré d'objets si enchanteurs que l'on a peine à croire à la réalité des merveilles qui frappent les regards. Où trouver en effet une treille disposée avec plus de grandeur et de magnificence que celle qui décore la terrasse en face du palais, une grotte plus belle et mieux appropriée à la localité que celle qui termine le jardin du côté de la mer, et dont toutes les colonnes ainsi que les balustrades sont en marbre blanc !

La disposition générale de ce palais est due à l'architecte *Fra Montorsoli;* les sculptures sont de *Taddeo Carlone,* et les peintures de *Perino del Vaga.*

PHARE.

62. Vue prise de la route qui conduit à la porte Saint-Thomas, et vue prise du port.

63. Plan, coupe et élévation du phare.

Cet édifice, connu à Gênes sous le nom de *la Lanterne,* se voit à gauche en entrant dans le port. Il fut construit vers l'année 1543 à l'extrémité d'un rocher très élevé, et auquel il a été fait une coupure pour y faire passer la route qui conduit de Gênes à *San Pier d'Arena.*

Le plan est bien conçu et son architecture porte le caractère de sa destination. Rien de plus pittoresque d'ailleurs que le rocher qui lui sert de base, et sur lequel il a été bâti çà et là de petites habitations, qui servent de corps-de-garde et de logements aux personnes qui en ont la surveillance. On ignore le nom de l'architecte.

PALAIS DE JULES II,

A SAVONE.

64. Plan du rez-de-chaussée et élévation.

65. Vue prise du vestibule.

Ce palais fut primitivement bâti sous la direction de l'architecte *Antonio da San Gallo;* mais il ne reste plus aujourd'hui que la façade de la partie postérieure construite en marbre blanc, et dont l'architecture nous a paru être au-dessous de la réputation de son auteur. Toute la partie en avant a été rebâtie, et l'escalier qui conduit du sol du vestibule à celui de la cour est d'un bel effet.

NOUVEAU THÉATRE,

A GÊNES, PLACE SAINT-DOMINIQUE.

66. Plan du rez-de-chaussée.

67. Plan du premier étage.

68. Élévation principale et coupe transversale.

69. Coupe longitudinale.

Cet édifice étant nouvellement construit et l'auteur existant, je crois devoir m'abstenir de tout éloge comme de toute critique, et laisser au public le soin d'apprécier tout le mérite de cet ouvrage. Je me contenterai de dire que ce théâtre, dans lequel on retrouve les grandes dispositions qui distinguent les salles de spectacles de l'Italie, est construit en pierre et blocage, et que les colonnes ainsi que les escaliers principaux sont en marbre blanc de Carrare. Il fut commencé en 1826 et achevé en 1828 sur les dessins et sous la direction de l'architecte *Carlo Barabino*.

La date de la construction de ce monument explique pourquoi il n'a pu être compris au nombre des édifices de la ville qui déja étoient publiés.

FIN.

LISTE DES SOUSCRIPTEURS.

S. M. LOUIS XVIII.
S. A. R. LE DUC DE BERRY.
S. A. R. LA DUCHESSE DE BERRY.
S. M. LOUIS-PHILIPPE.
LE MINISTÈRE DE L'INTÉRIEUR.
LE MINISTÈRE DES AFFAIRES ÉTRANGERES.
L'INSTITUT DE FRANCE (Académie des beaux-arts).

MM. ABEL DE PUJOL.
ABERT.
ALAVOINE, architecte.
ALEXANDRE.
ALFIERI DE SOSTEGNO (le comte).
AVRIL, architecte.

BAILLÈRE.
BALBI (le comte de).
BANCE.
BARAGUAY, architecte.
BÉGAT.
BÉLIZARD.
BÉNARD, architecte.
BERNIER, idem.
BERTHAULT, idem.
BERT, idem.
BÉTHUNE-HOURIEZ.
BEUDOT, architecte.
BEUGNOT (le comte).
BEUVELOT.
BIANCHI.
BLACAS (le duc de).
BOCCA.
BOILEUX, architecte.
BONNARD, idem.
BRUYÈRE.
BRUZARD, architecte.
BURGHEST (lord).

CALLET, architecte.
CARILLAN-GUOERY.
CARISTIE, architecte.
CHABROL DE VOLVIC (le comte).
CHATILLON, architecte.
CHAUVET.
CHENAVART, architecte.
COKRELL, idem.
COMBES ainé.
COMBES jeune.
CONSTANTIN, architecte.
CORRARD.
CORVETTO (le comte).
COUSSIN, architecte.
CRAWFORT (le comte).

DALBANNE.
DALBERG (le duc de).

MM. DEBRET, architecte.
DECRECI.
DEGEORGES, architecte.
DEGUERCHY, idem.
DEJOLY, idem.
DEPUIDT, idem.
DESMARES.
D'ESPAGNAC (le baron).
DESPLAN, architecte.
DESTOUCHES, idem.
DÉTHAN.
DIJON (le comte).
DOUDEAUVILLE (le duc de).
DOULIOT.
DUFOUR.
DURAZZO (le marquis JEAN-LUC).
DUVAL DE FRAVILLE (le baron).

EUDE, vérificateur.

FIETTA.
FLURY DE GRANDMÉNIL.
FORBIN (le comte de).
FROELICHER, architecte.

GATTEAUX.
GAU, architecte.
GARDE, idem.
GÉRARD (le baron).
GERSTAKER.
GONDOUIN, architecte.
GOURLIER, idem.
GRAVIER.
GRILLON, architecte.
GROLLIER (la marquise de).
GUÉ, peintre.
GUÉNEPIN, architecte.
GUIGNET, idem.
GUILIBERT.
GYSOBS (GUY DE), architecte.

HAUDEBOURT, architecte.
HÉDOUIN, idem.
HENRIETTE, idem.
HETSCH, idem.
HEURTAUT, idem.
HEURTIER, idem.
HITTORF, idem.
HUVÉ, idem.
HUYOT, idem.

IRISSON.

JACOB ALPHONSE.
JACOB DESMALTÈRE.
JACQUESSON.

MM. LA BRIFFE (le comte de).
LACORNÉE, architecte.
LAHURE, idem.
LANEUVILLE.
LANGLOIS.
LARDANT.
LEBAS, architecte.
LEBOBE.
LECLÈRE, architecte.
LECOINTE, idem.
LECONTE, idem.
LEFRANC, idem.
LELONG, idem.
LEMASSON, ingénieur.
LEROY.
LESUEUR, architecte.
LETOMBE, idem.
LOMBARD.

MACQUET.
MAGU.
MAINGOT, architecte.
MALLET, idem.
MALLINE, idem.
MANDAR, idem.
MAZOIS, idem.
MEULLOU, idem.
MÉRY-VINCENT, idem.
MOENK.
MOLINOS, architecte.
MOREAU.
MOUNIER (le baron).

PAILLOT DE LOYNES.
PARIGOT.
PAULÉE.
PAULY.
PAVÉE DE VANDEUVRE (le baron).
PÉLIGOT.
PELLAGOT.
PENCHAUD, architecte.
PÉRON.

MM. PEYRE, architecte.
PEYRE neveu, idem.
POURTALÈS (le comte de).
PRESSIGNY (Comtois de).
PROVOST, architecte.
PRUNET.

QUATREMER DE QUINCY.

REDOUTÉ.
ROCHEFORT (le comte de).
ROHAULT DE FLEURY, architecte.
ROSSI (le comte).
ROUGEVIN (Auguste), architecte.

SAINT-GEORGES (Fadate de).
SALAMON (de).
SALEMON.
SASSENAY (le marquis de).
SAUNIER.
SAVOYE-ROLLIN.
SCASSI.
SCHEULT, architecte.
SCHIAFFINO (le baron).
SCHLESINGER.
SEMONVILLE (le marquis de).
SHARPP, architecte.
SIMONET.
SKOGER.
STANFEN.

THIERRY.
TOURNON (le comte de).
TRAXLER.
TREUTTEL et WURTZ.

VARLET.
VAUDEY, architecte.
VAUDOYER, idem.
VIGNON, idem.
VINCHON.
VISCONTI, architecte.

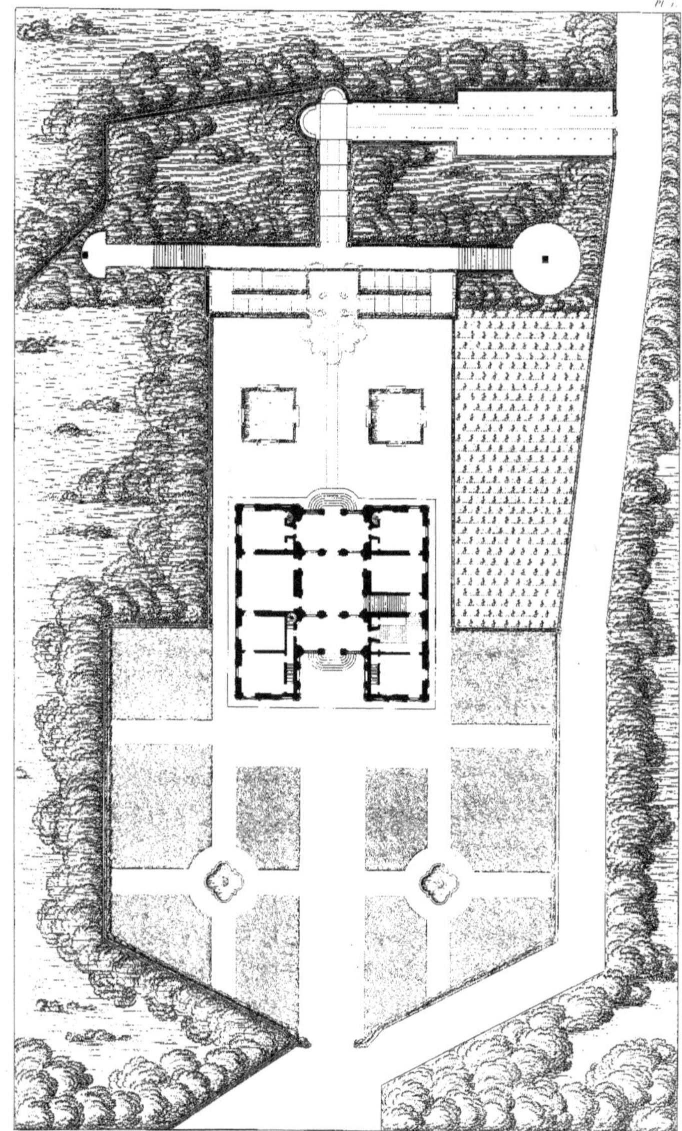

Plan général.

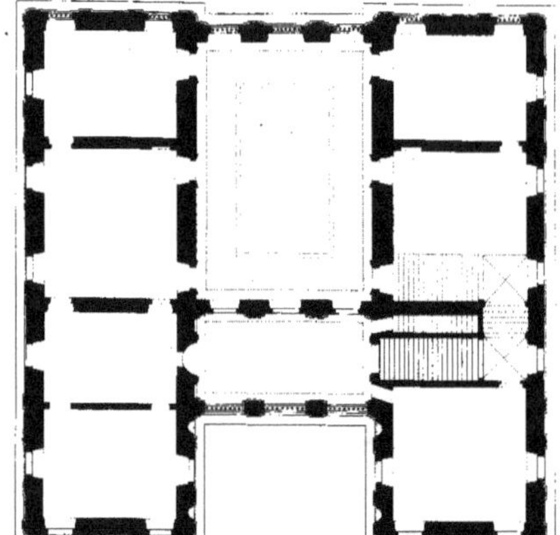

Plan du 1.er étage.

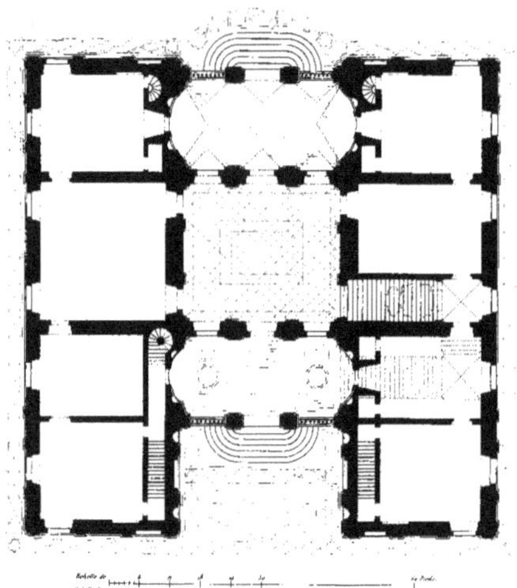

Plan du rez-de-chaussée.

Élévation sur la Cour.

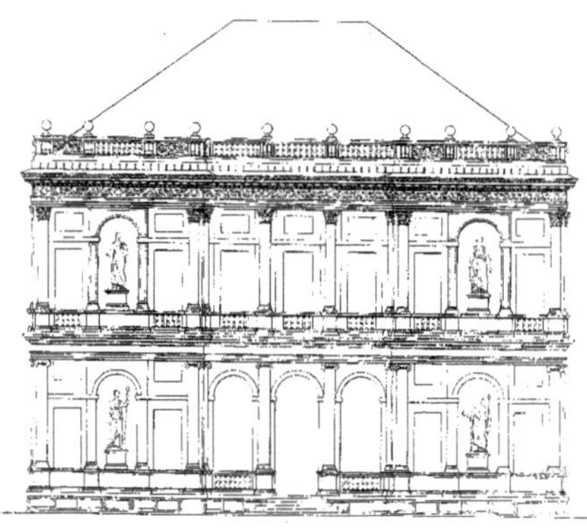

Élévation sur le Jardin.

Coupe principale.

Coupe de la Salle
de bains.

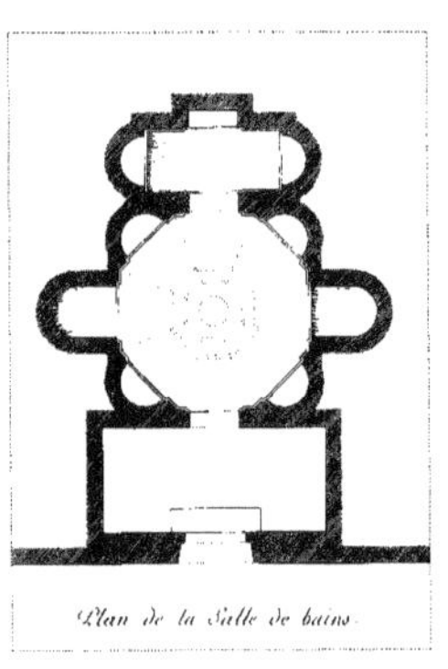

Plan de la Salle de bains.

Coupe de la Grotte.

Plan de la Grotte.

Élévation de la Grotte.

Vue générale prise du côté de la mer

Elévation .

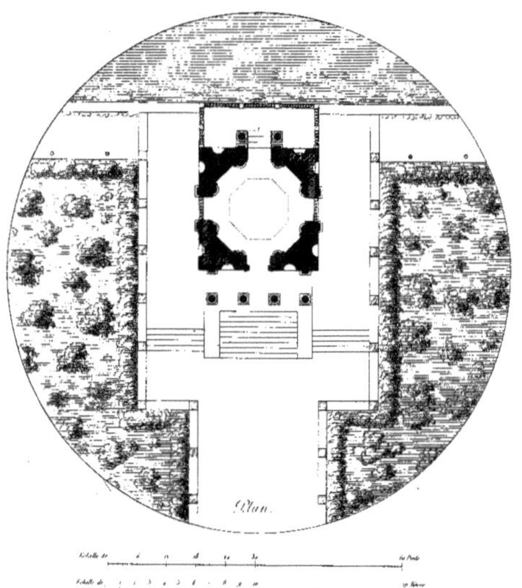

Plan .

Coupe .

VILLA PALLAVICINA
à Sampierdarena.

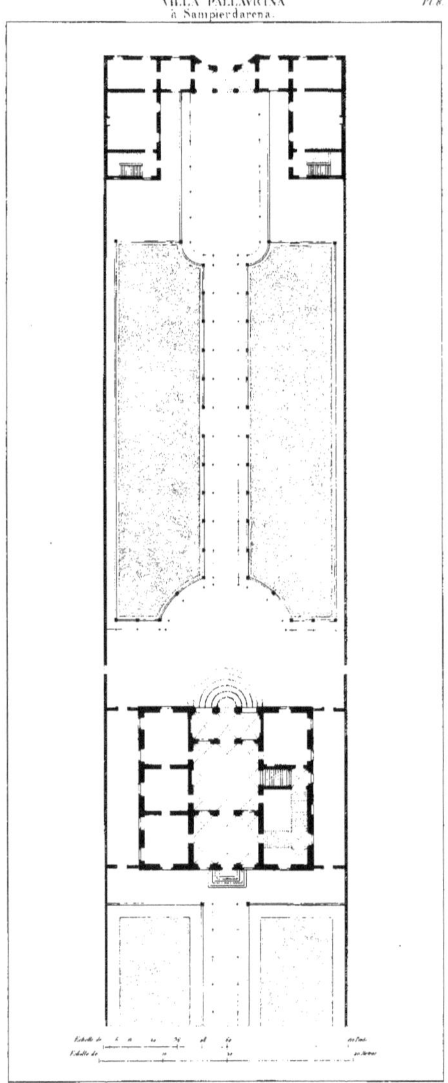

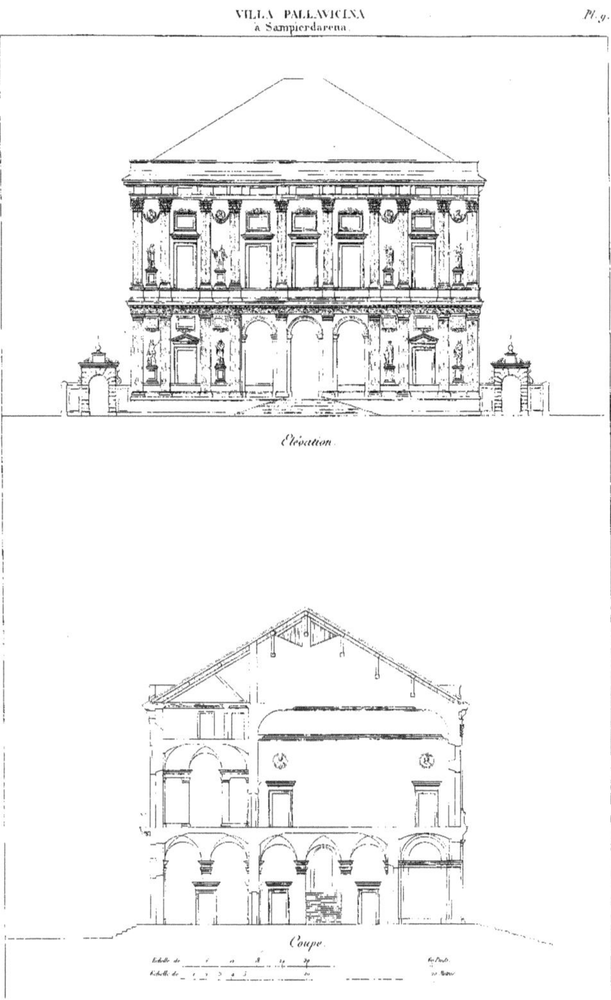

Élévation.

Coupe.

Échelle de

Échelle de

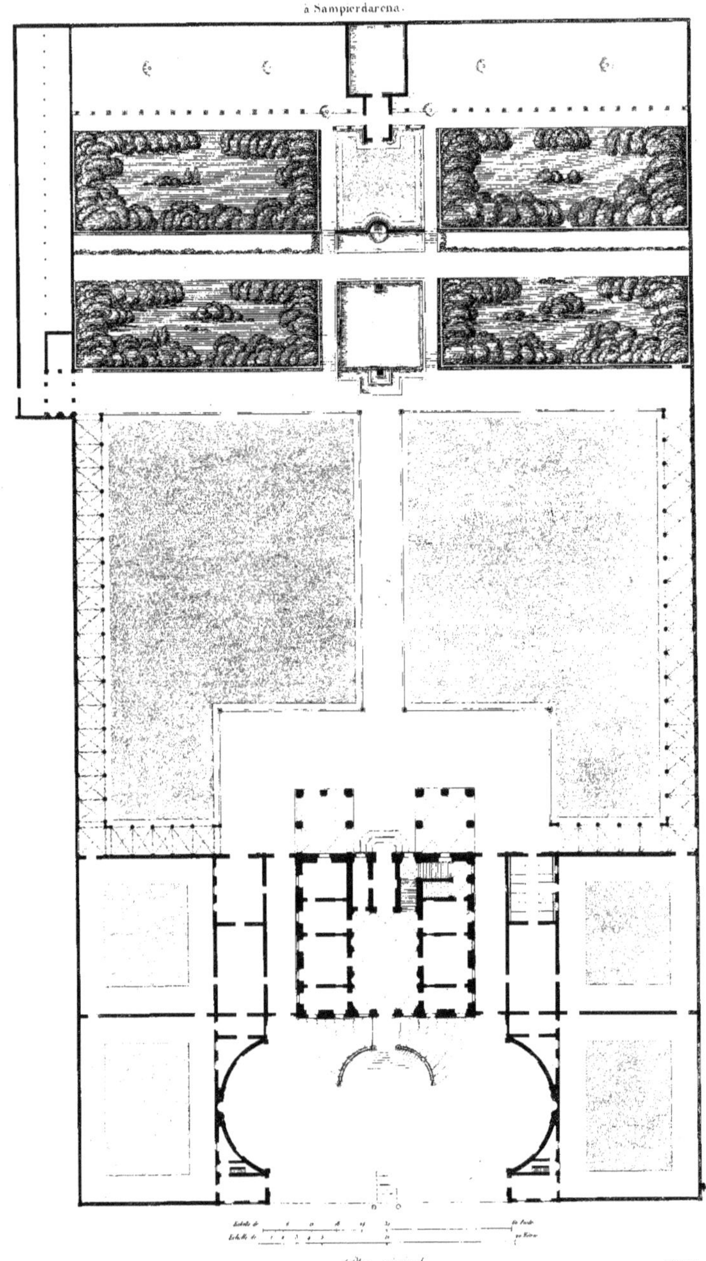

Plan général.

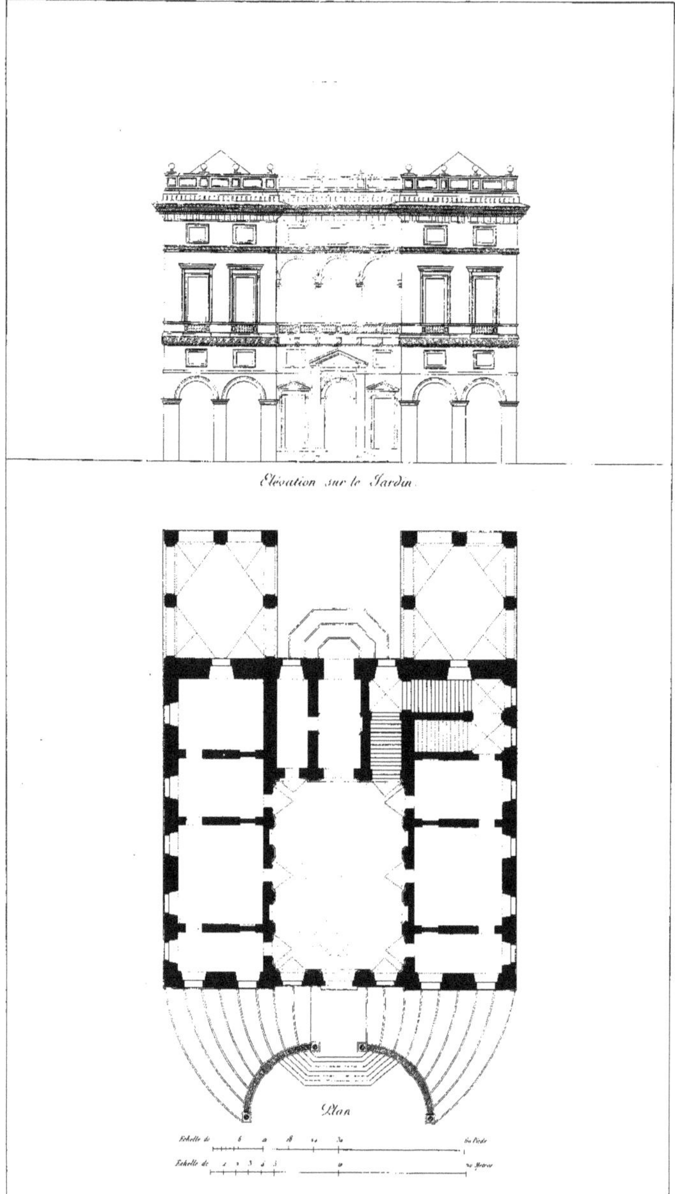

Liban sculp.

VILLA SPINOLA
à Sampierdarena.

Échelle de ... Pieds. Échelle de ... Mètres.

Élévation sur la Cour.

VILLA SPINOLA
à Sampierdarena.

Coupe longitudinale.

Hibon sculp.

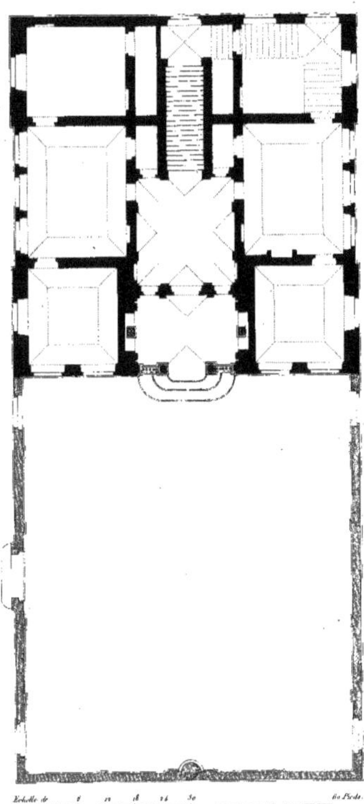

PALAIS SAOLI
à Sampierdarena.
Echelle de
Echelle de
Pieds.
Mètres.

PALAIS SAOLI
à Sampierdarena

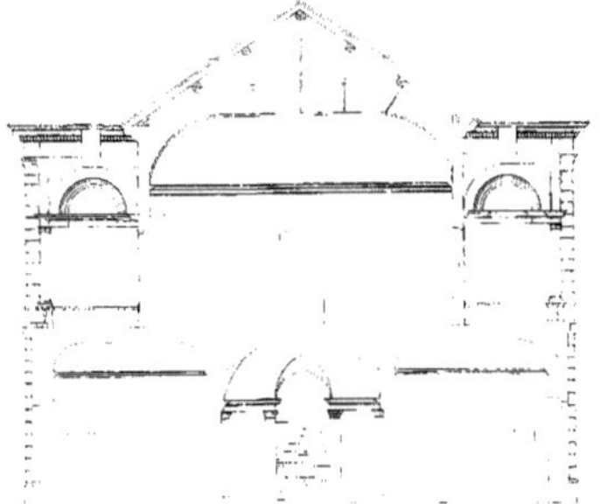

Coupe transversale.

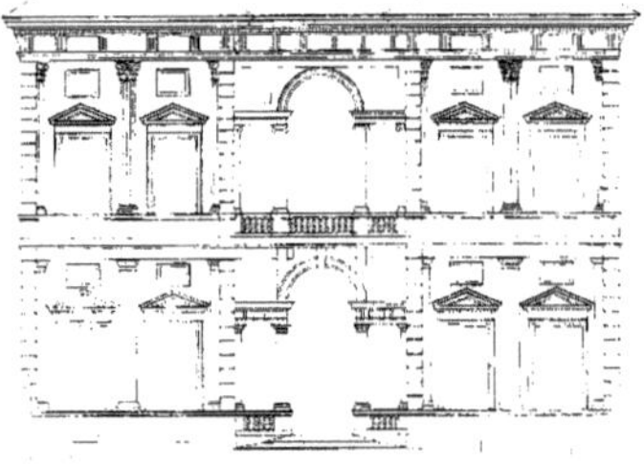

Élévation principale.

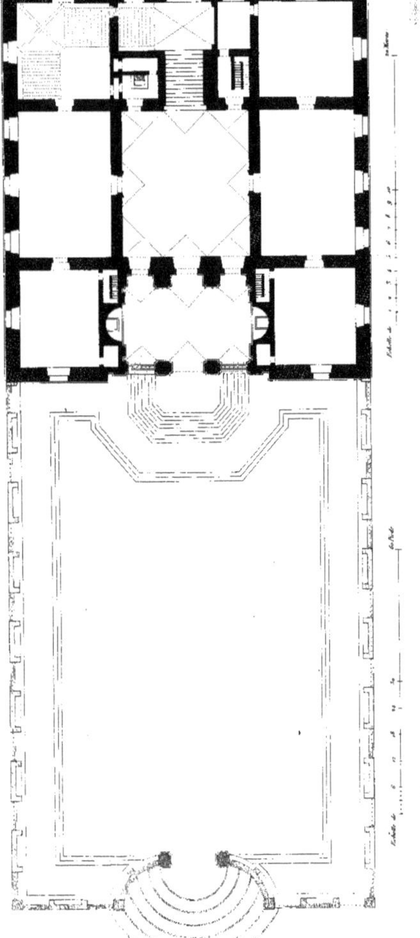

Plan du rez-de-chaussée.

PALAIS GRIMALDI
a Sampierdarena.

Echelle de ... 6 ... 12 ... 18 ... 24 ... 30 ... en Pieds.

Echelle de 1 2 3 4 5 6 7 8 9 10 ... en Mètres.

Coupe principale.

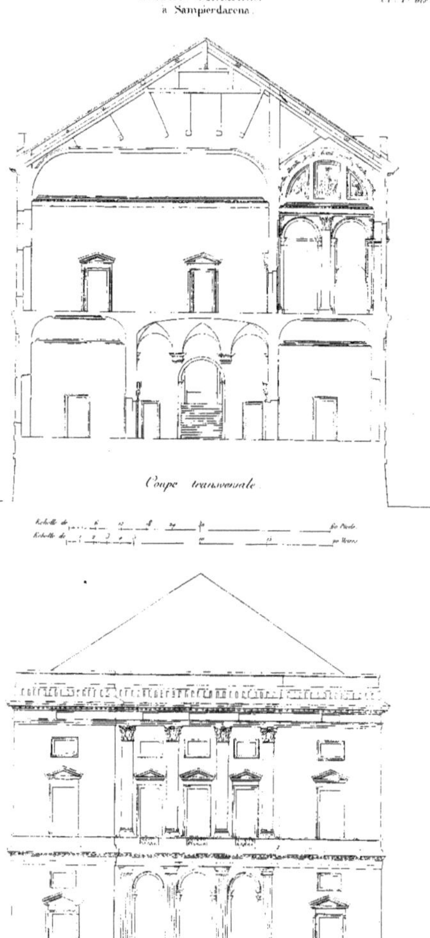

Coupe transversale.

Échelle de
Échelle de

Élévation principale.

PALAIS SERRA
à Cornegliano.

Plan général.

PALAIS SERRA
à Cornegliano.

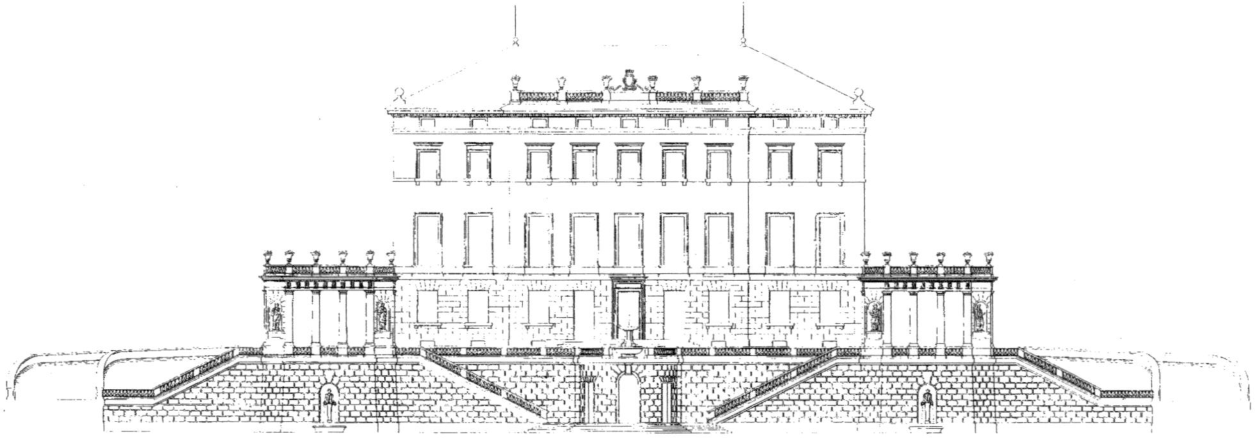

Élévation principale.

PALAIS SERRA
à Cornegliano.

Coupe

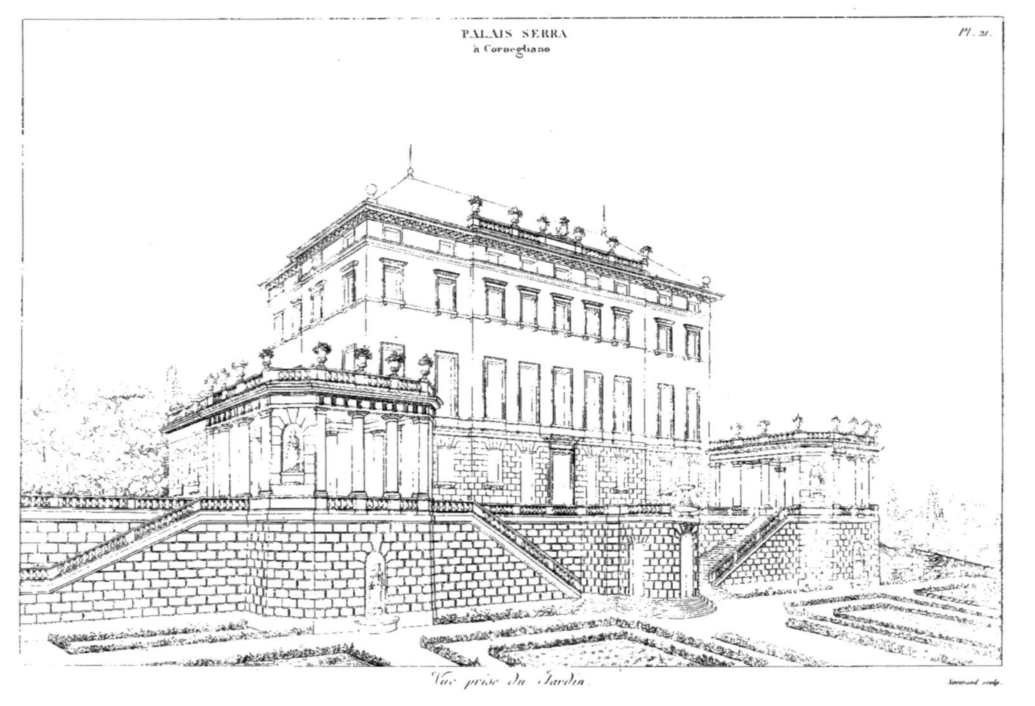
PALAIS SERRA
à Cornegliano
Vue prise du Jardin.

VILLA FRANSONE
à Albaro

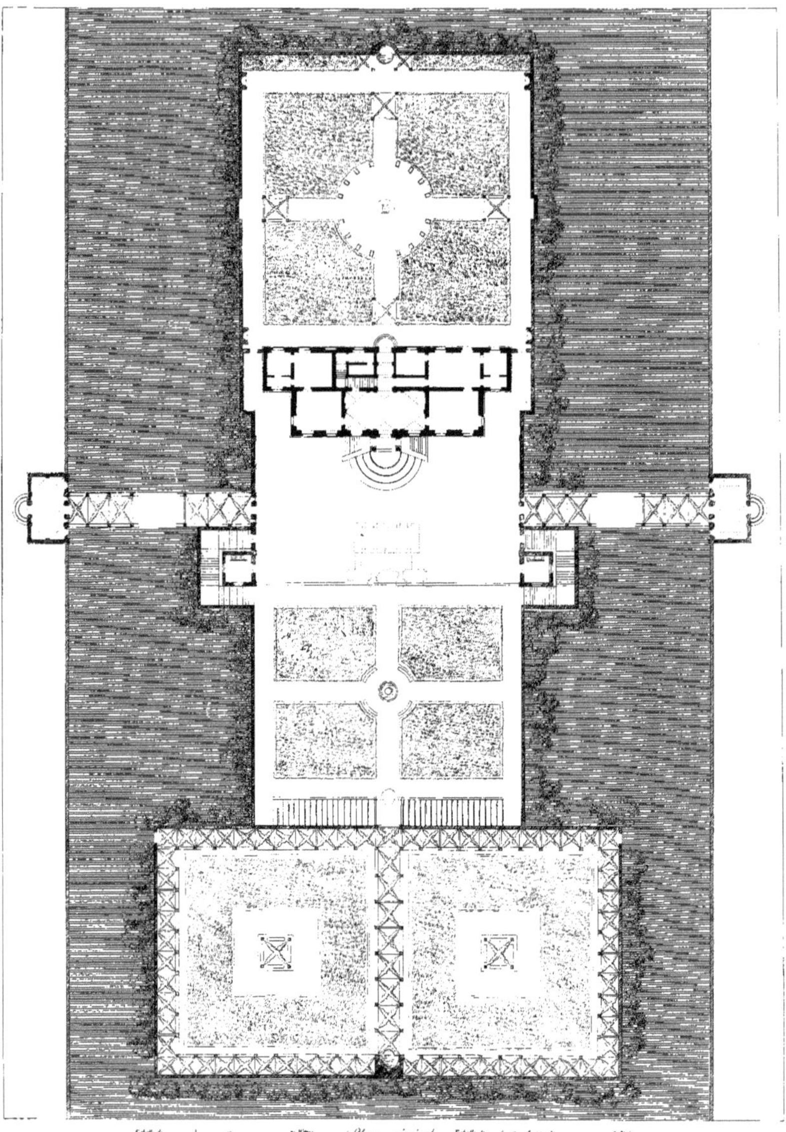

Plan général

VILLA FRANSONE
a Albaro.

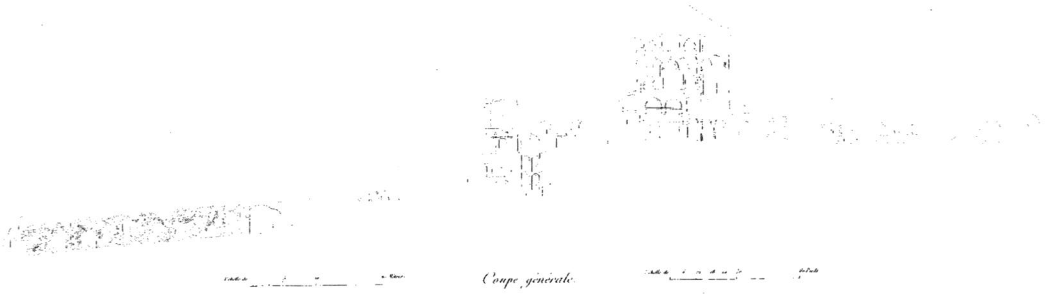

Coupe générale.

Échelle de ... Mètres.

Échelle de ... de Toise.

VILLA FRANSONE
à Albaro.

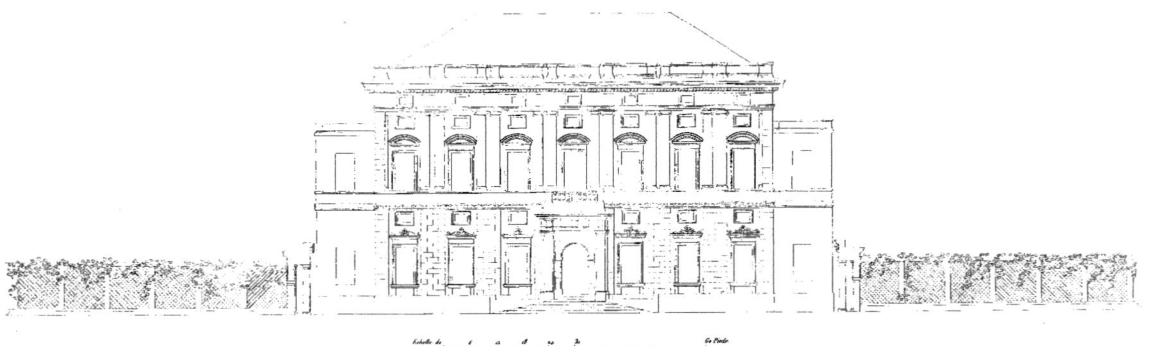

Pl. 24 bis

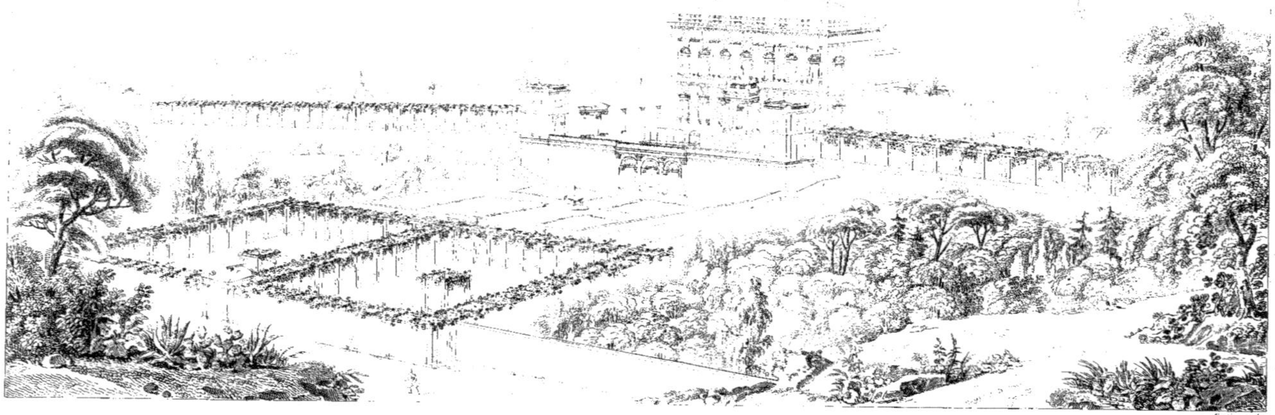

Vue générale.

Fortier sculp.

Élévation

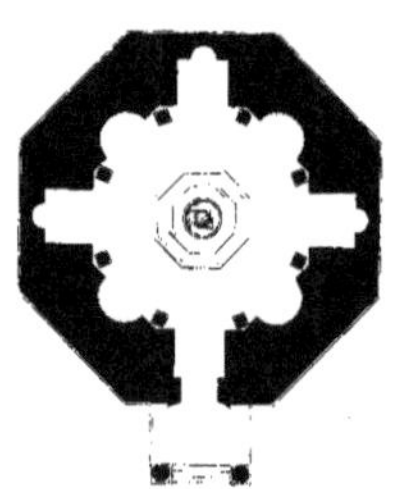

Plan

Coupe

Elevation principale.

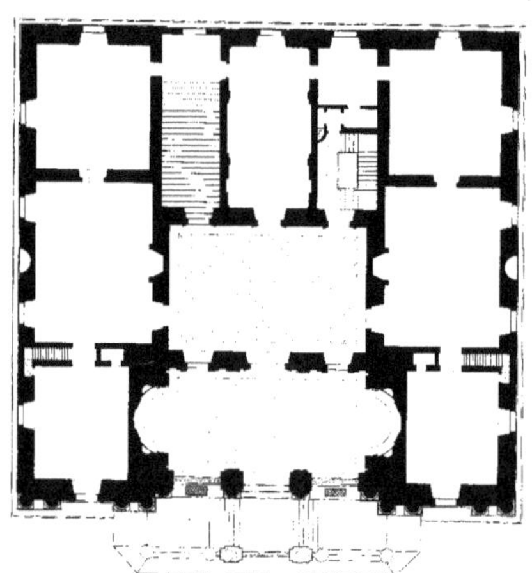

Plan du rez-de-chaussée.

Echelle de ... en Pieds.
Echelle de ... en Mètres.

Hibon sculp.

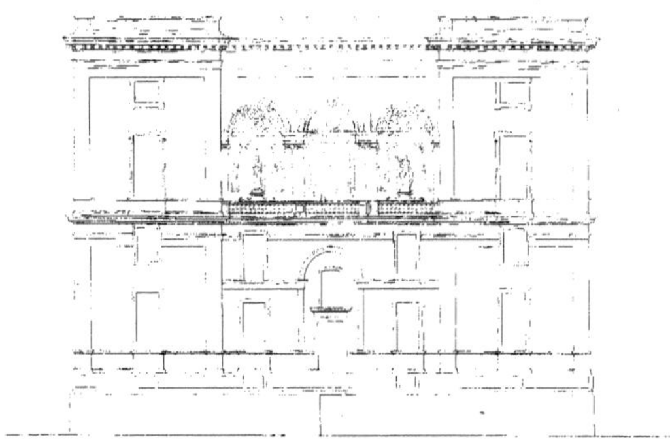

Élévation postérieure.

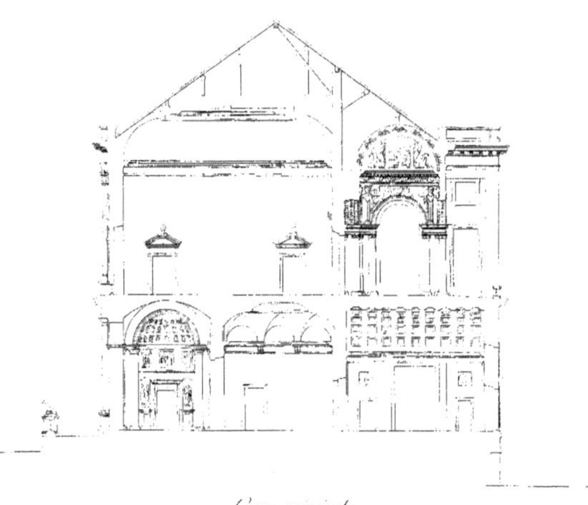

Coupe principale.

Albano 1843

Coupe de la Loge au 1.er étage

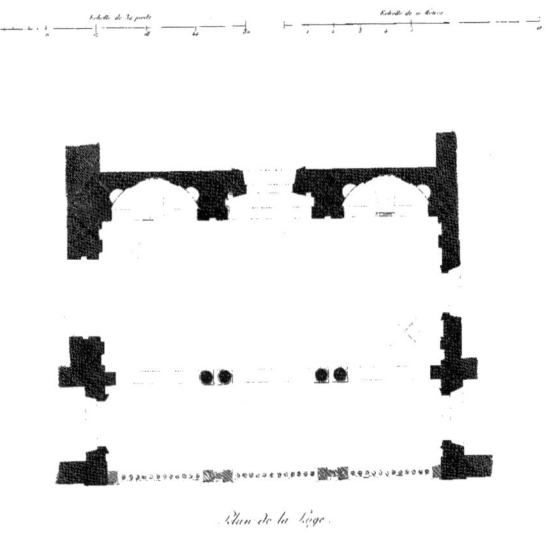

Plan de la Loge

Vue prise de l'Entrée principale.

VILLA SPINOLA
à Sestri

Pl. 30.

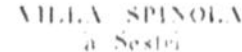

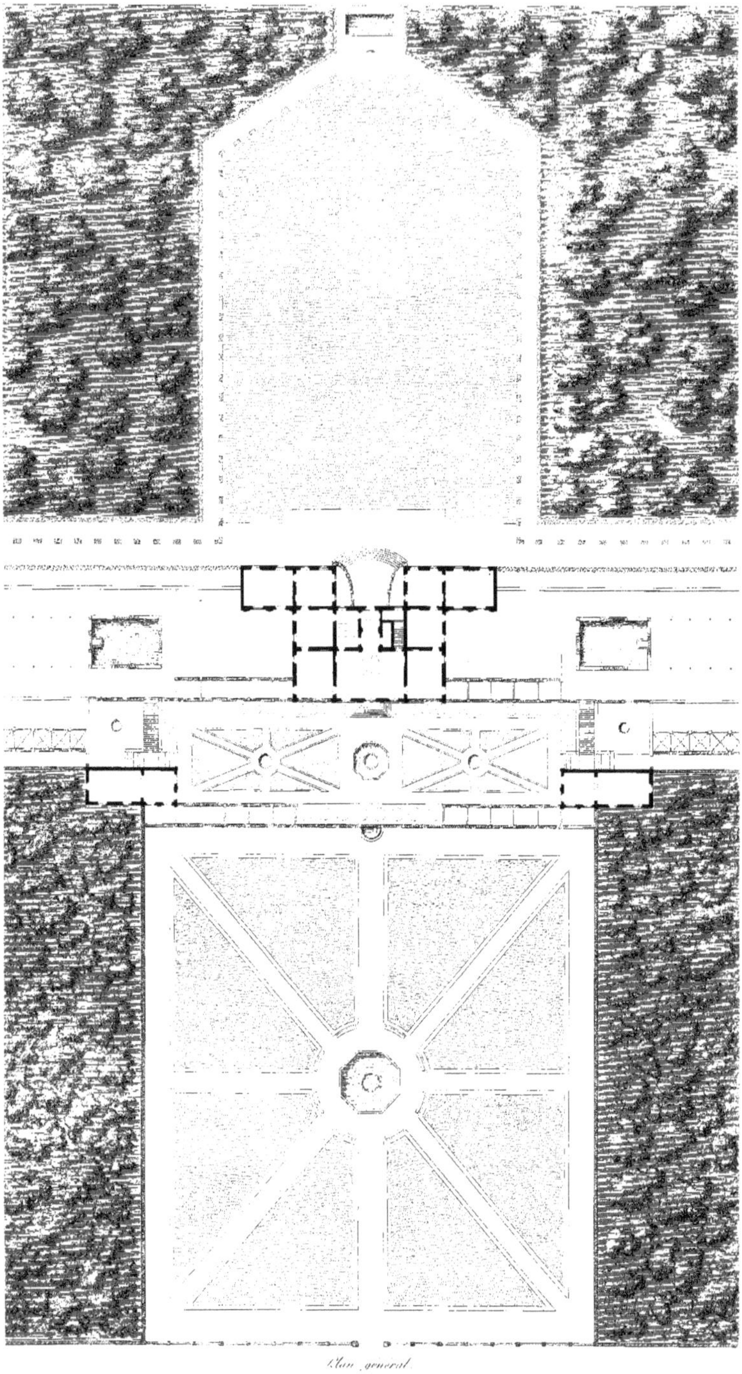

Plan général

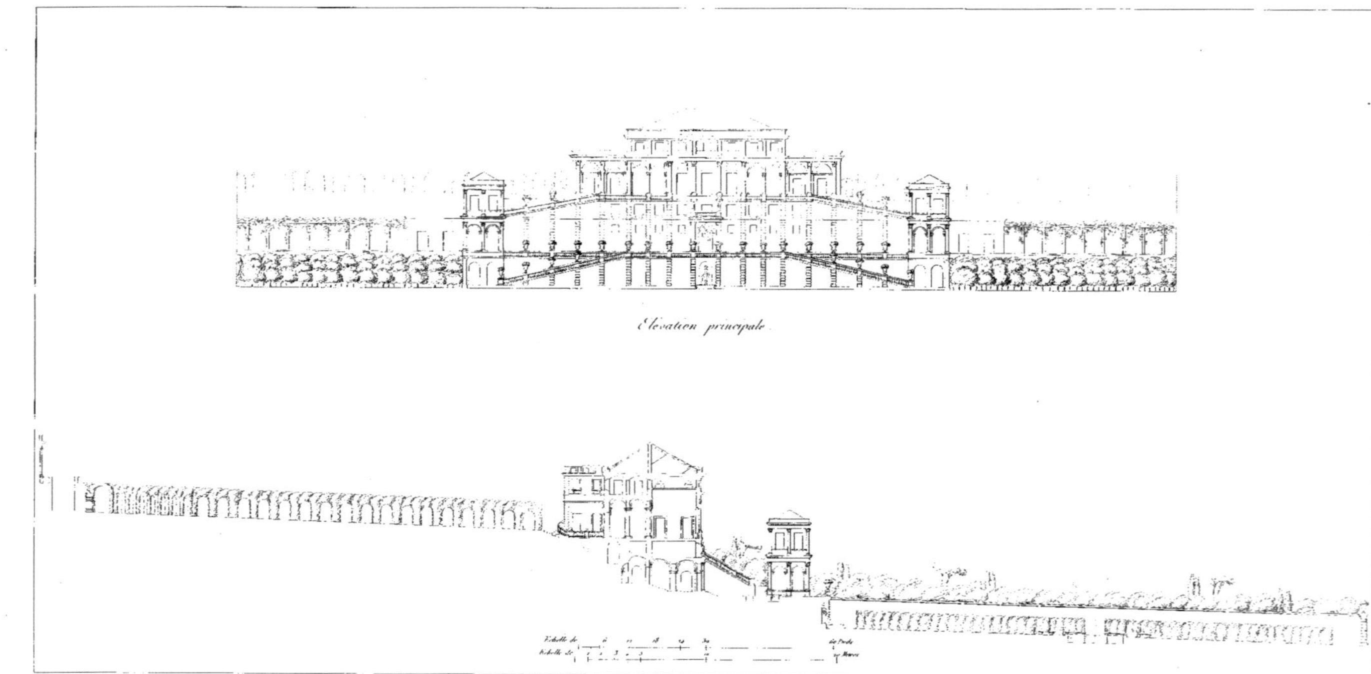
Elévation principale.
Coupe générale.
Echelle de
Echelle de
de Pieds
m. Mètres

VILLA SPINOLA
a Sestri.

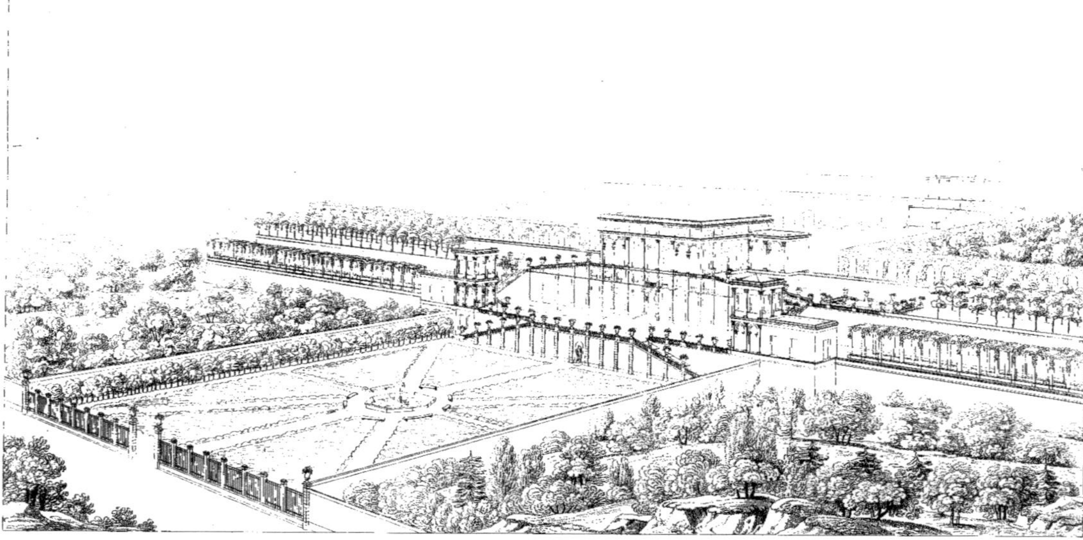

Vue Perspective.

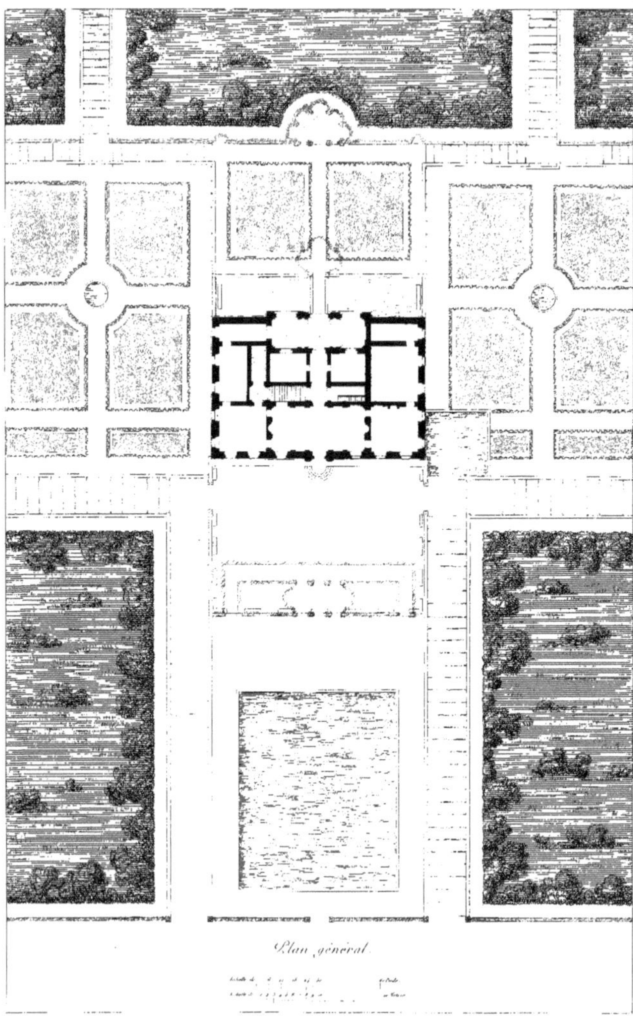

Plan général.

VILLA D'ANGELO
près de la Polcevera.

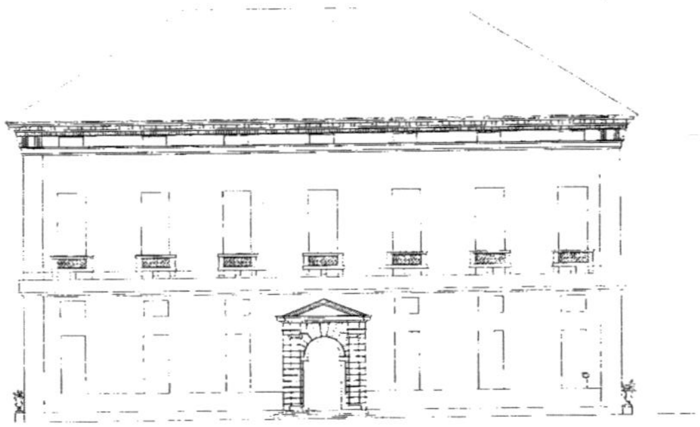

Elevation principale.

Coupe principale.

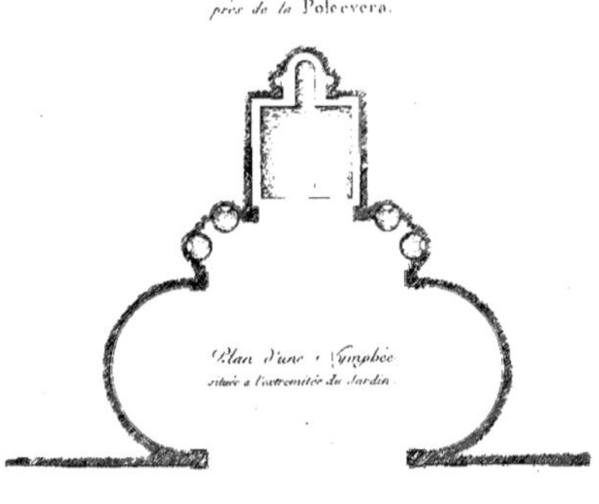

Plan d'une Nymphée
située a l'extremitée du Jardin.

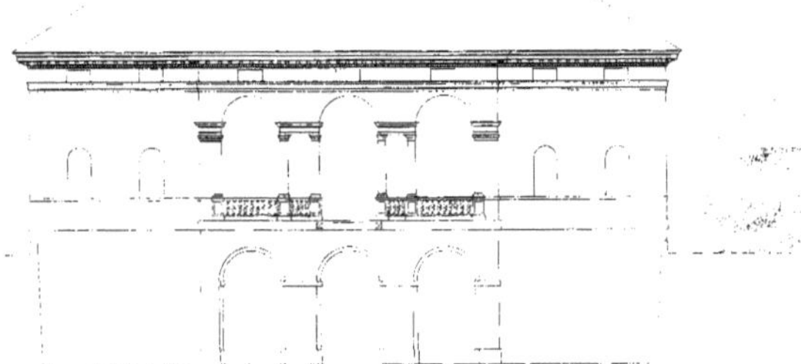

Élévation sur le Jardin.

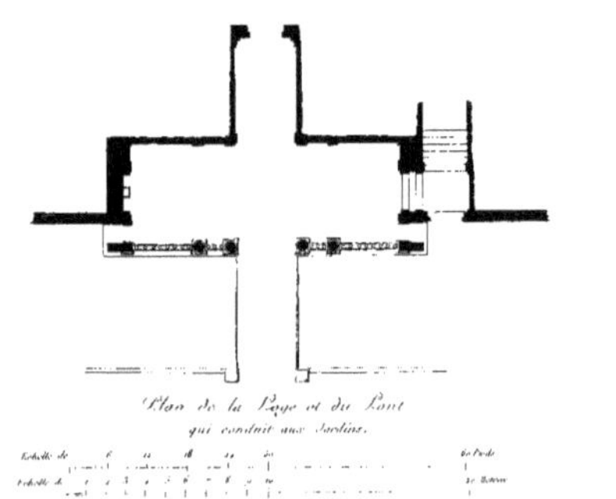

Plan de la Loge et du Pont
qui conduit aux Jardins.

Echelle de ... de Pieds.
Echelle de ... de Mêtres.

Guiaud sculp

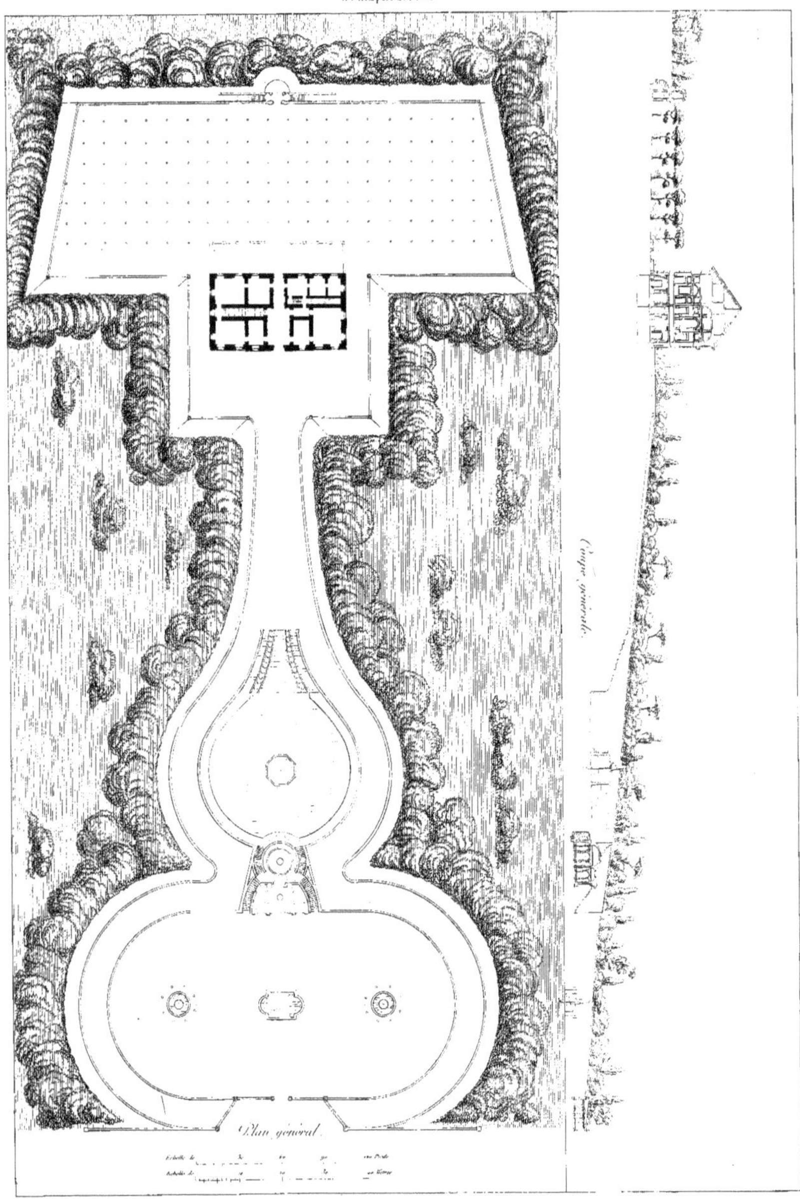

Villa Doria a Sampierdarena. Plan général.

Élévation.

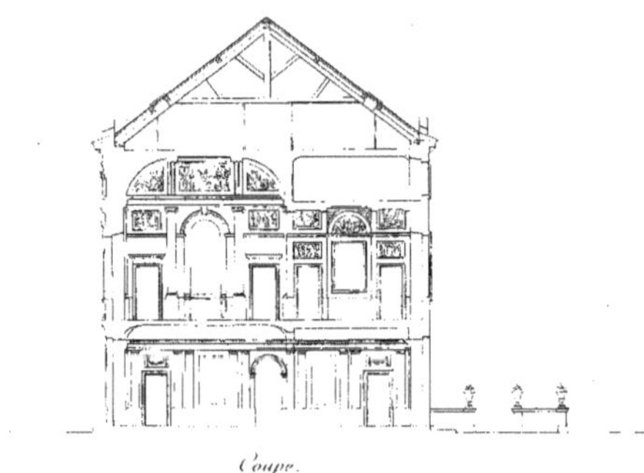

Coupe.

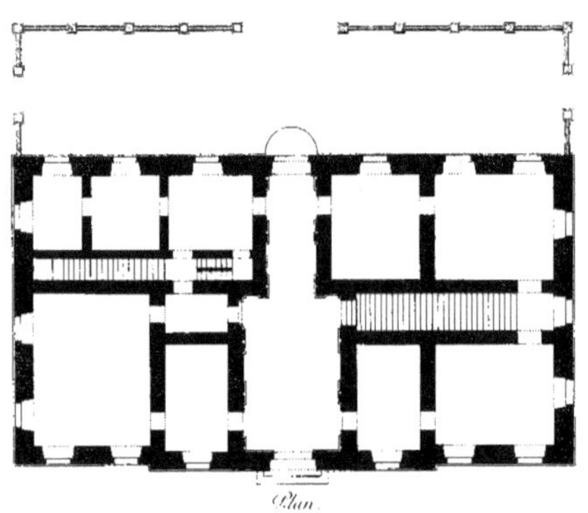

Plan.

Élévation de la Grotte.

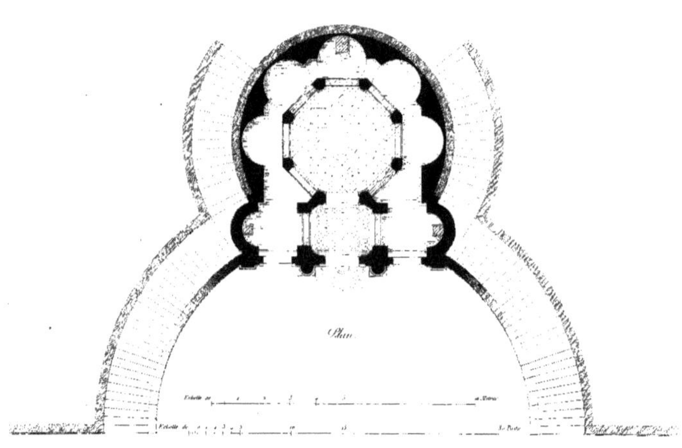

Plan.

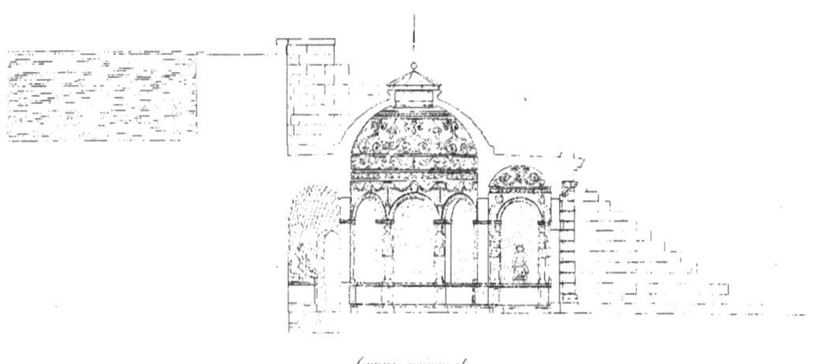

Coupe principale.

Coupe transversale.
Échelle de ... 60 Pieds
Échelle de ... 10 Mètres
Plan.
Coupe longitudinale.

Coupe générale

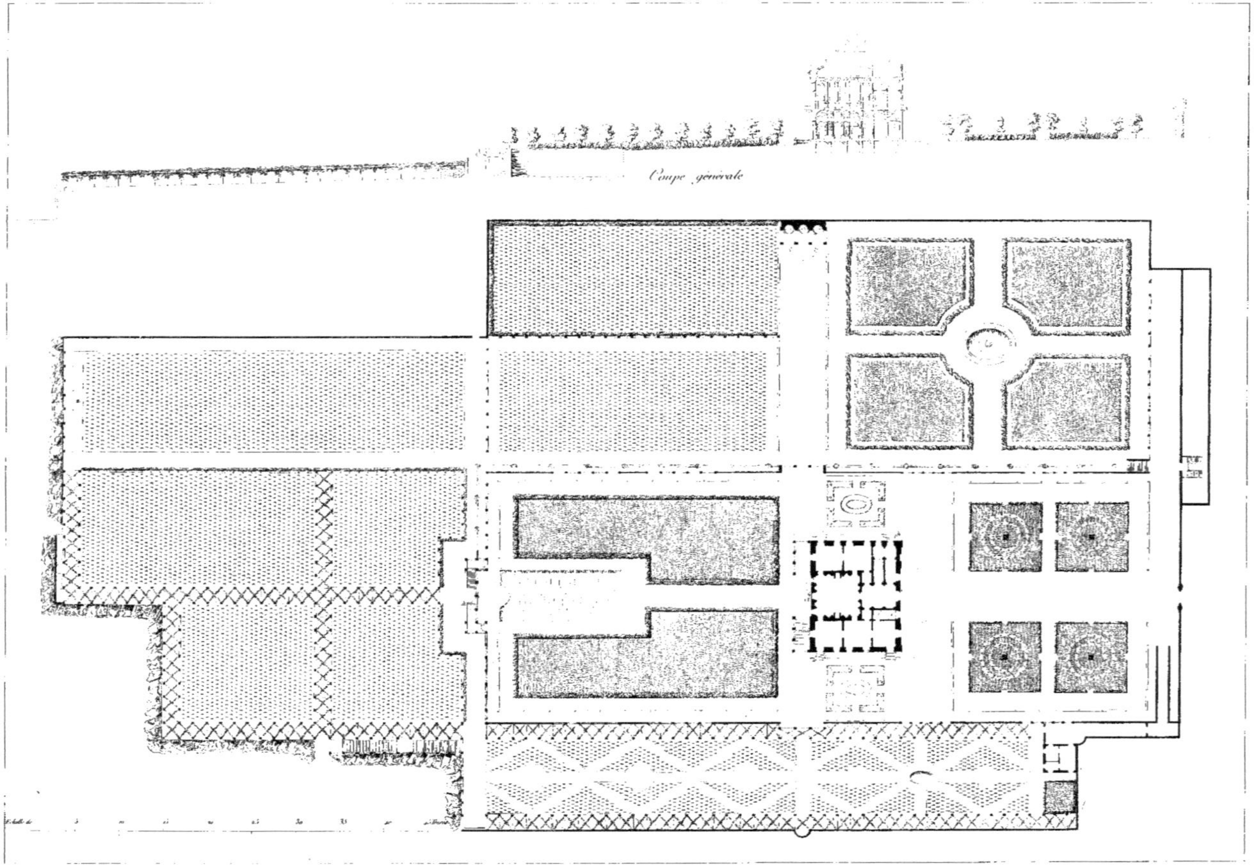

Plan général.

Coupe principale.

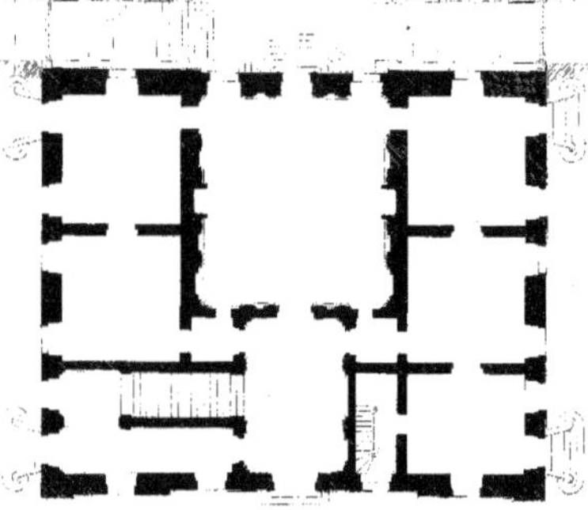

Échelle de ... 60 Pieds.   Échelle de ... 20 Mètres.

Plan du Rez-de-Chaussée.

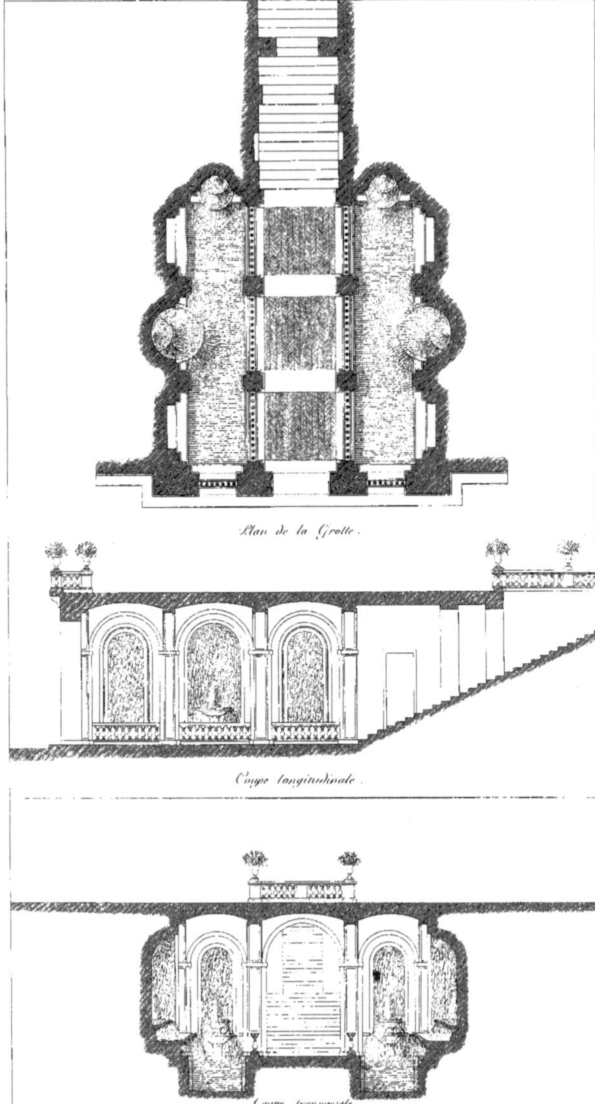
Plan de la Grotte.
Coupe longitudinale.
Coupe transversale.
Echelle de
Echelle de

Vue générale de la Colline du Zerbino.

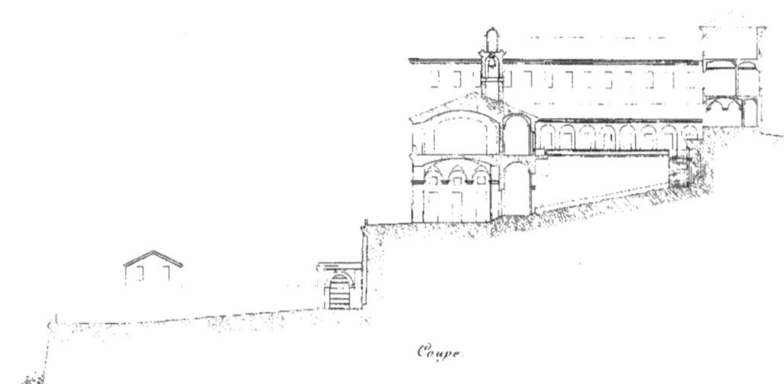

Coupe.

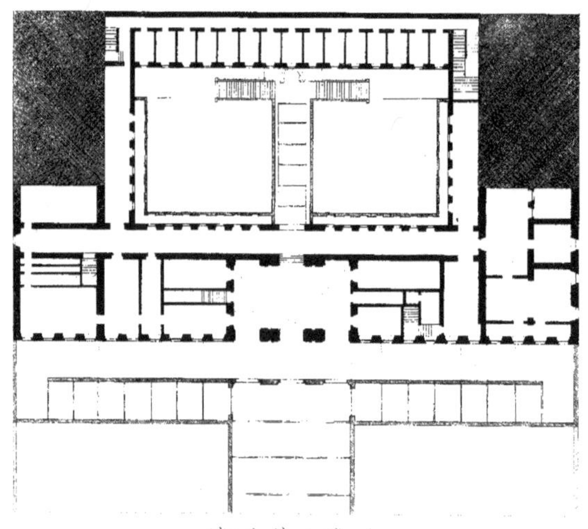

Plan du Rez-de-Chaussée.

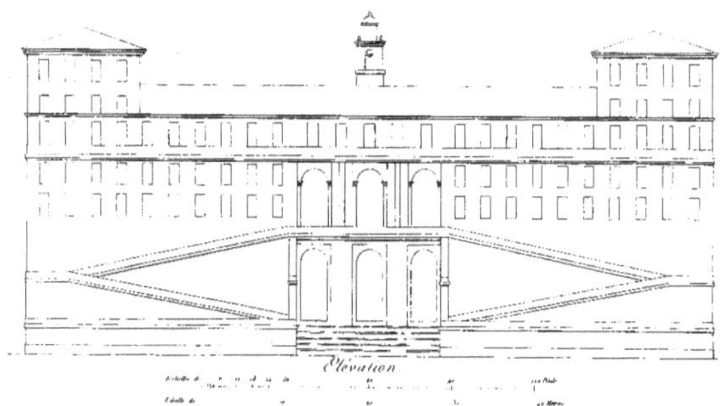

Élévation

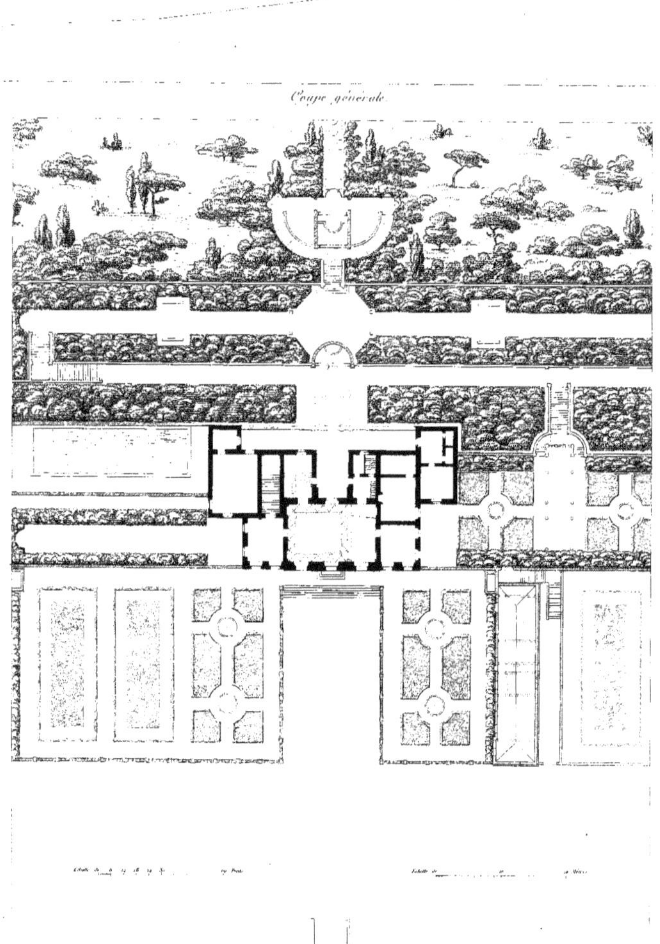
Coupe générale.
Plan général.

VILLA BRIGNOLE,
à Sestri.

Plan général.

VILLA BRIGNOLE.
à Sestri

Vue générale.

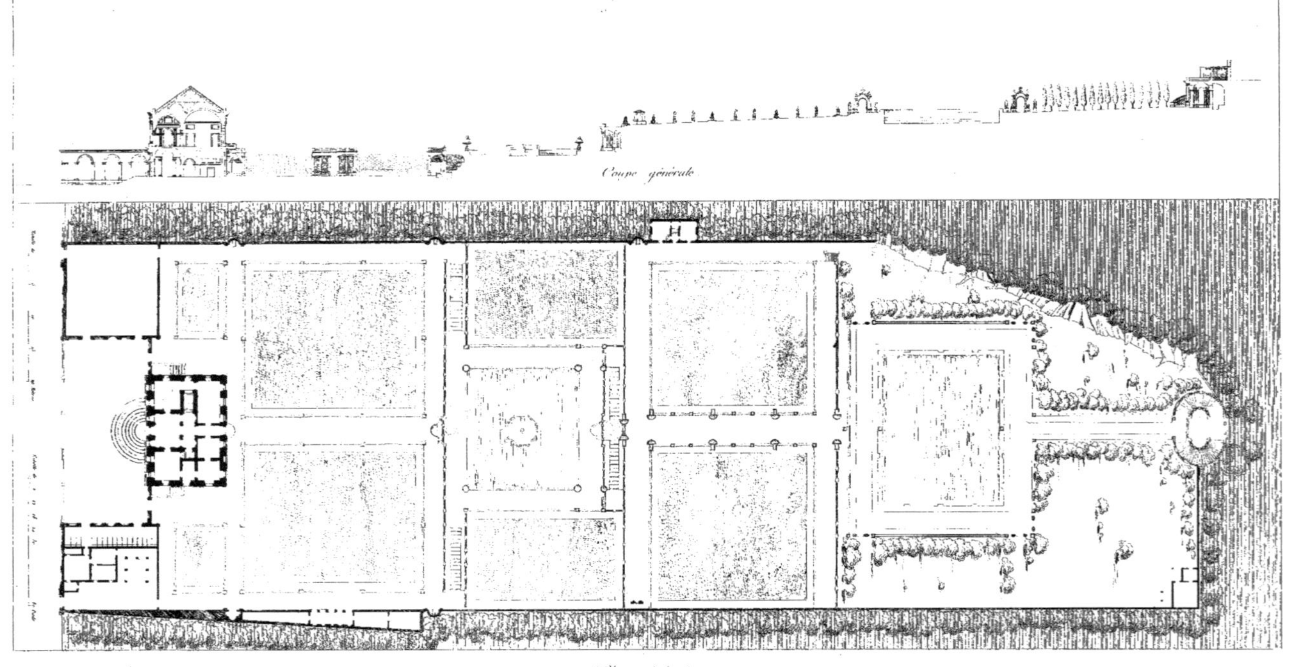

Coupe générale

Plan général

Élévation principale.

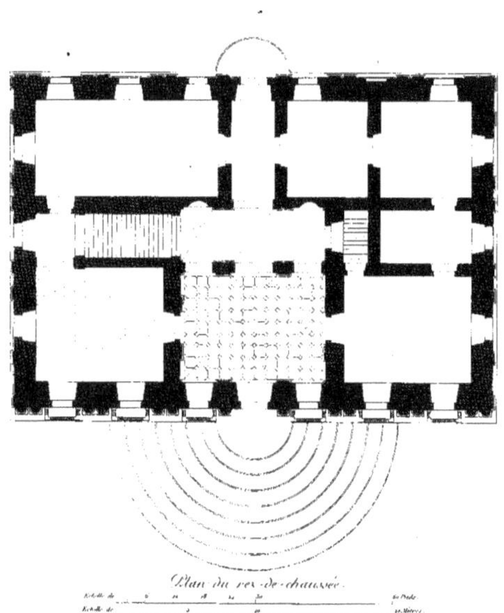

Plan du rez-de-chaussée.

Échelle de ... en Pieds.
Échelle de ... en Mètres.

VILLA IMPÉRIALE
à Sampierdarena

Vue générale.

Plan général.

Echelle de 6 12 18 24 30 60 Pieds   Echelle de 1 2 3 4 5 6 7 8 9 10 15 20 Metres

Élévation générale.

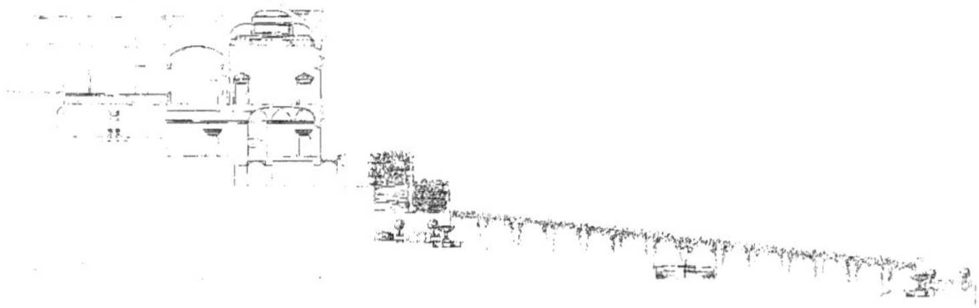

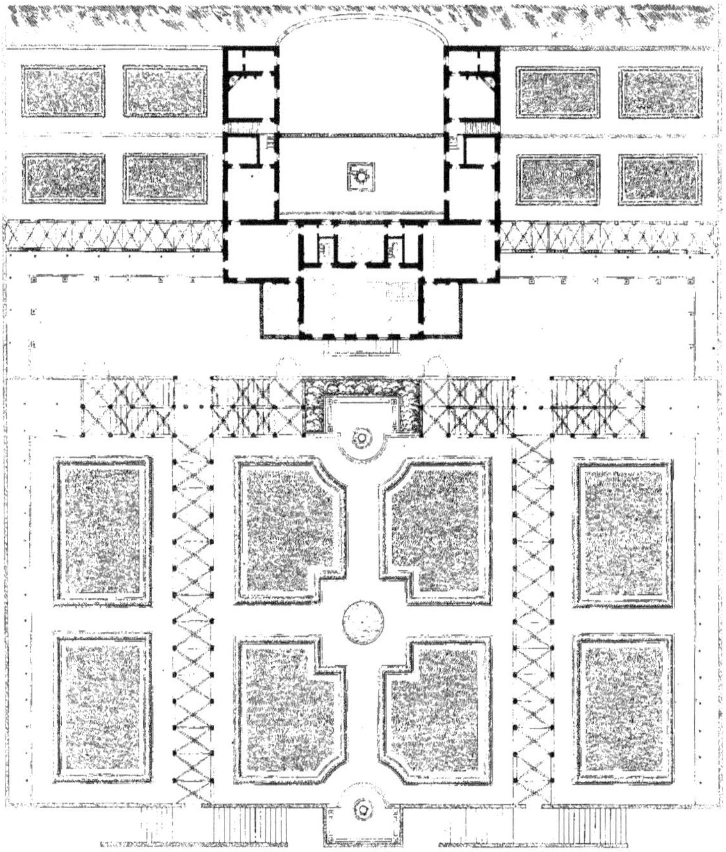

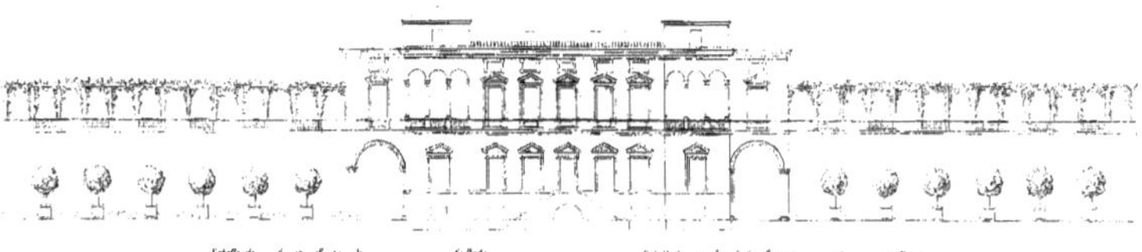

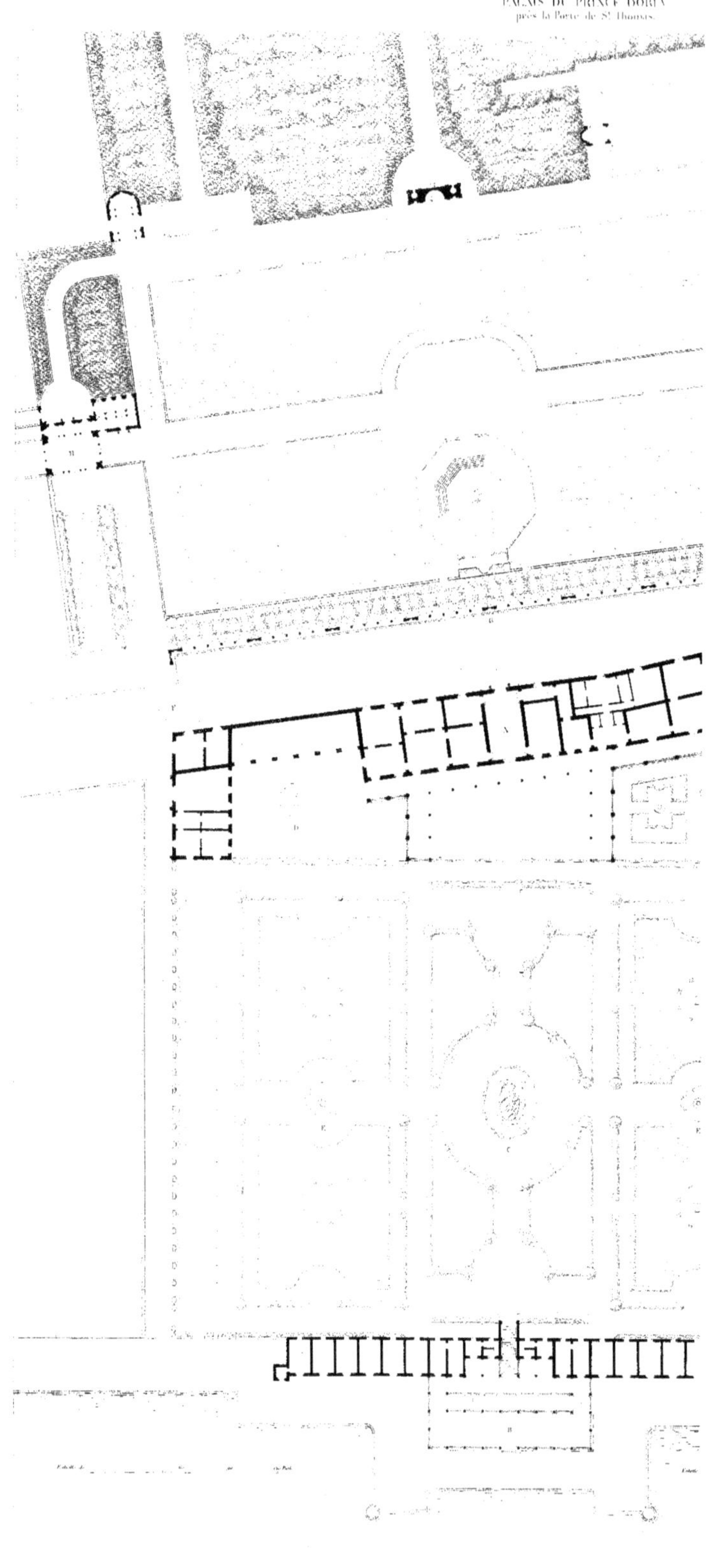

Plan général.

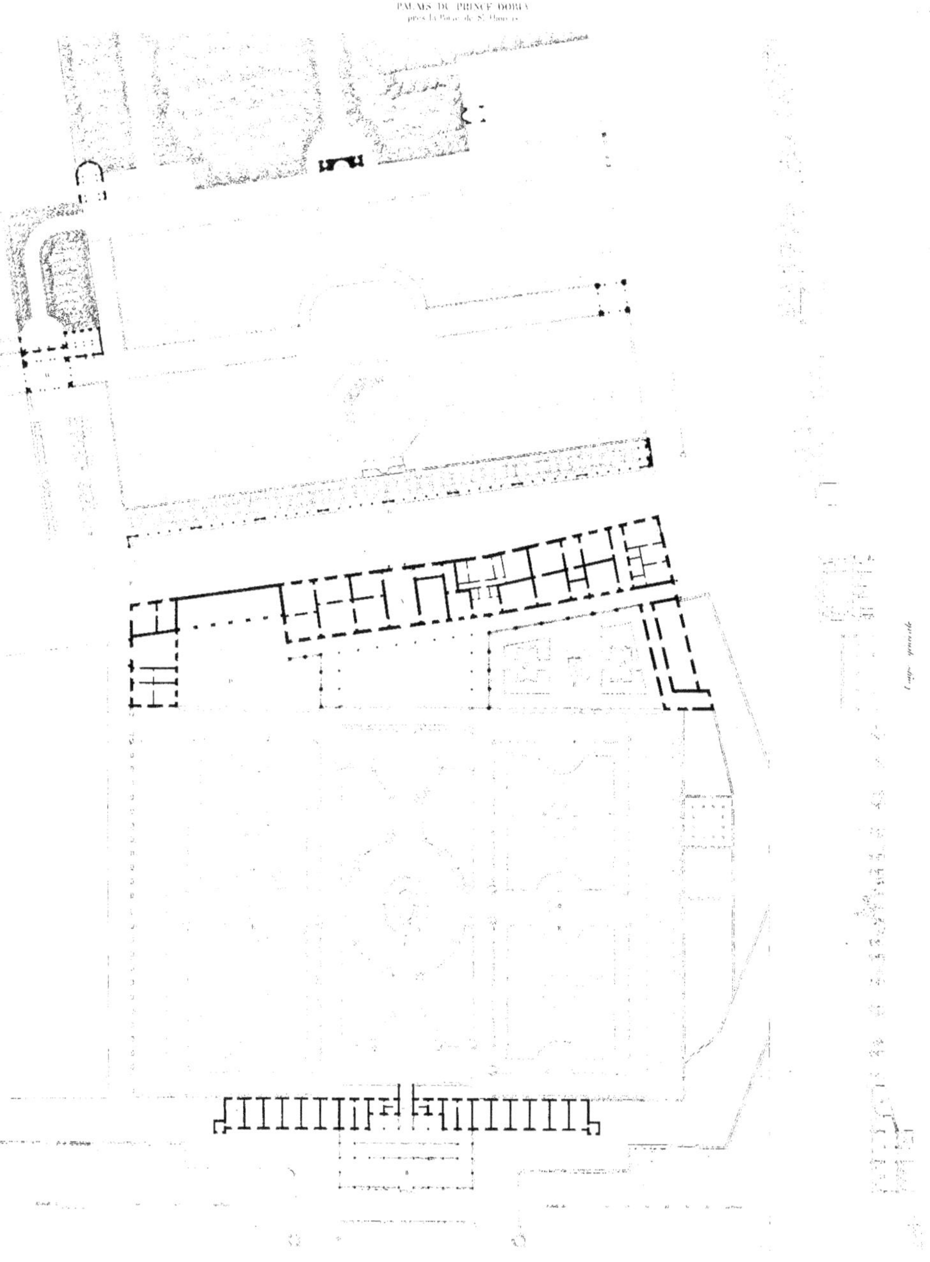

PALAIS DU PRINCE DORIA
près la Porte de S.t Thomas

Plan général.

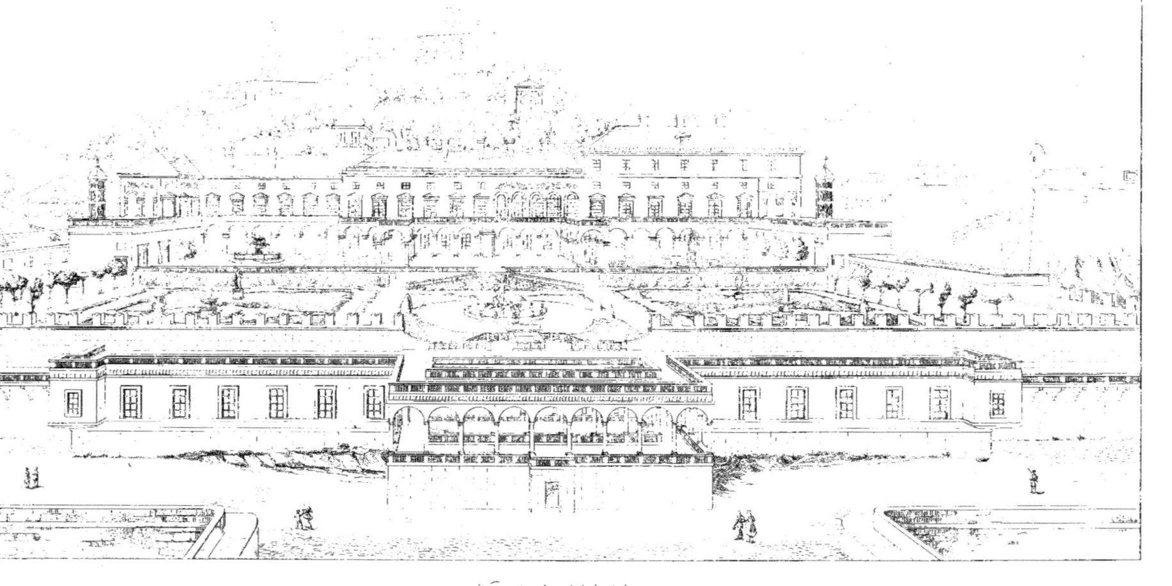

Vue prise du côté du Phare.

Plafond du Vestibule.

Décoration de la Salle principale du 1ᵉʳ Étage.

Vue prise sous le Portique du côté du Jardin.

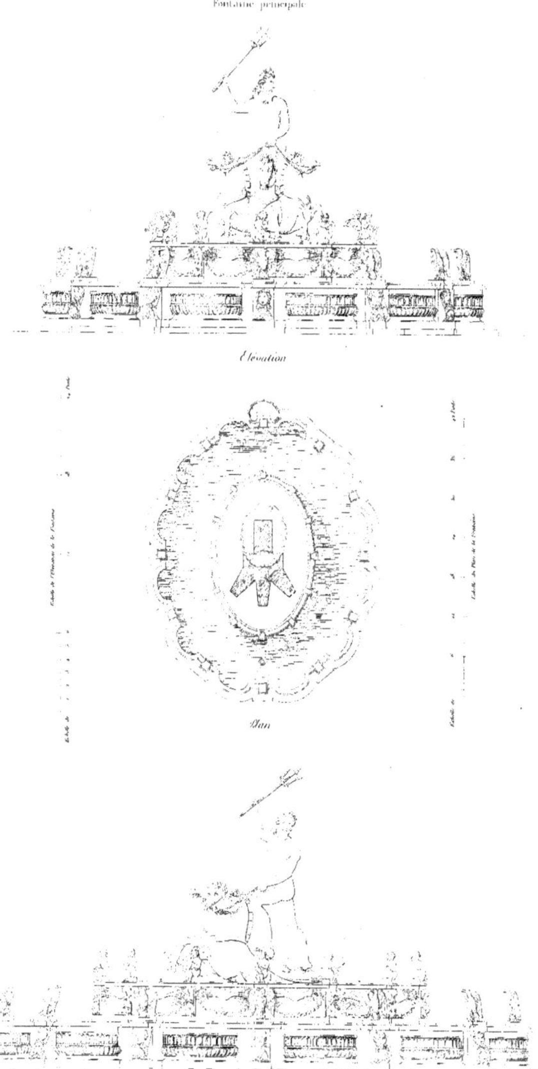

Sorrientul fils sculp.

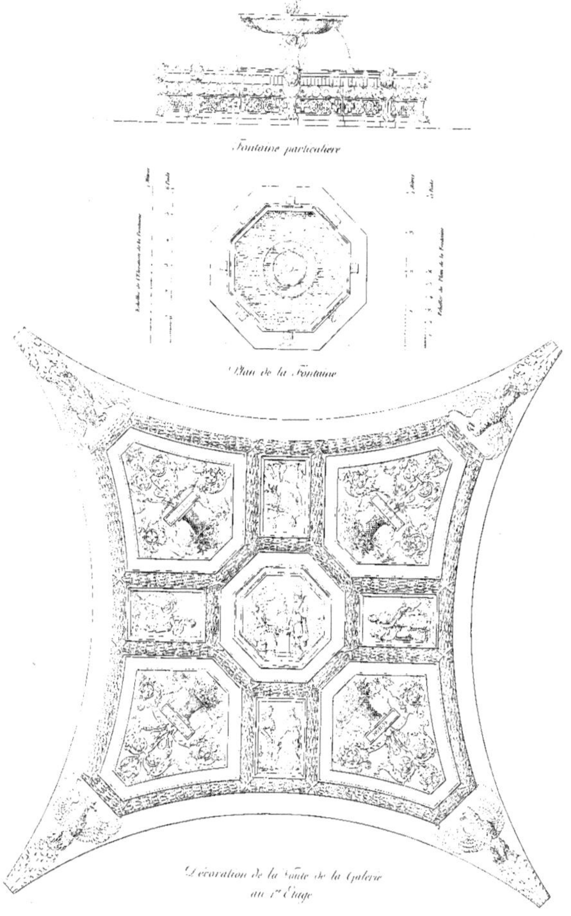

Fontaine particulière
Plan de la Fontaine
Décoration de la Voûte de la Galerie
au 1er Étage

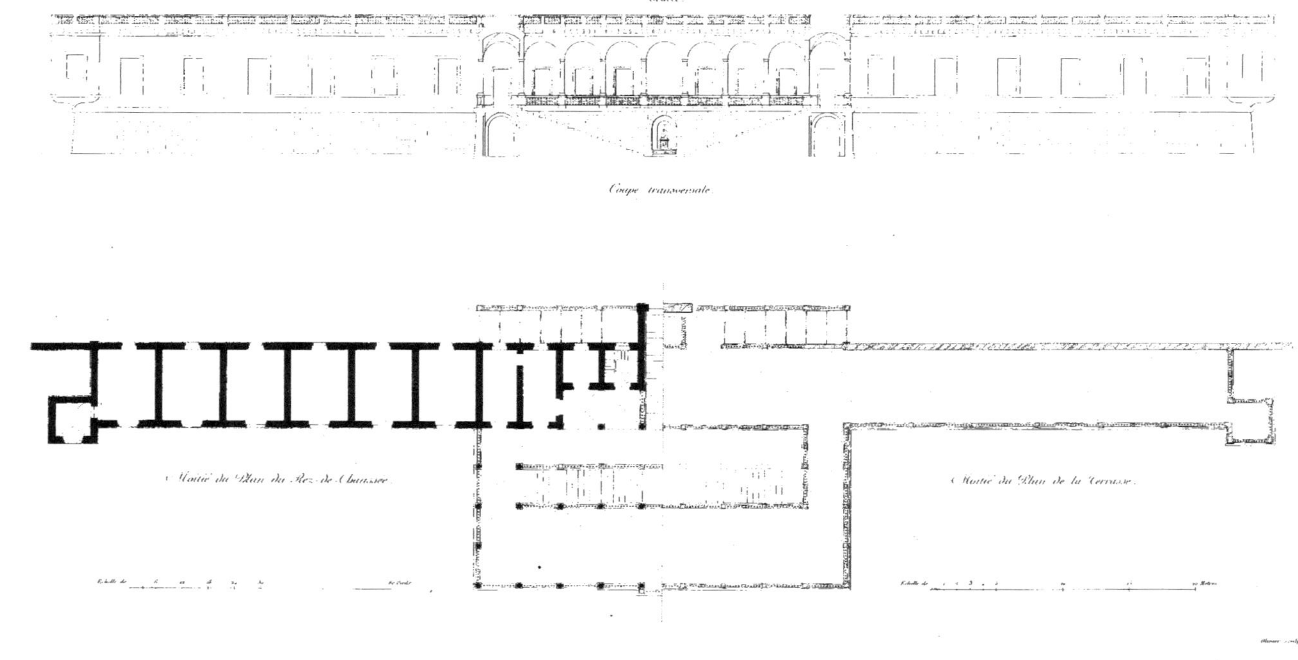

PALAIS DU PRINCE DORIA
Grotte.
Pl. 58
Coupe transversale.
Moitié du Plan du Rez-de-Chaussée.
Moitié du Plan de la Terrasse.
Echelle de
Echelle de

Vue de la Grotte.

Vue de la Treille

Élévation de la Treille

Coupe

Plan

Vue prise de la Route qui conduit à la Porte St. Thomas.

PHARE.

Vue prise du Parc.

Plan
au niveau de la 2me Corniche.

Plan
au niveau de la 1re Corniche.

Plan
au niveau du Rocher.

Élévation

Coupe.

Thierry sculp.

Élévation.

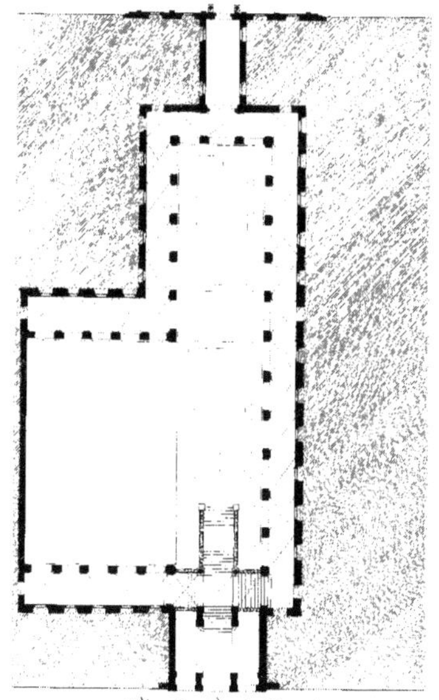

Plan du Rez de Chaussée.

Vue du Vestibule

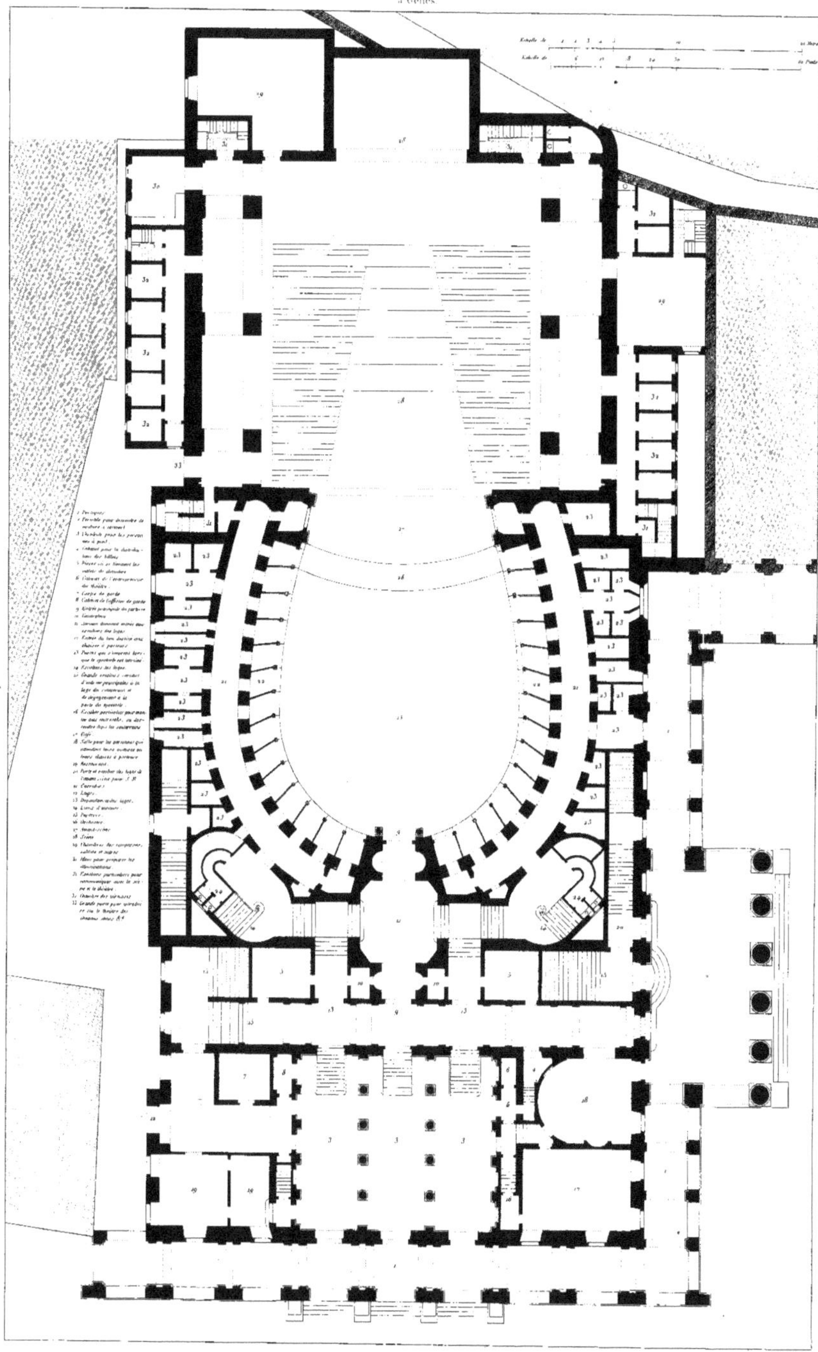

Plan du Rez-de-Chaussée

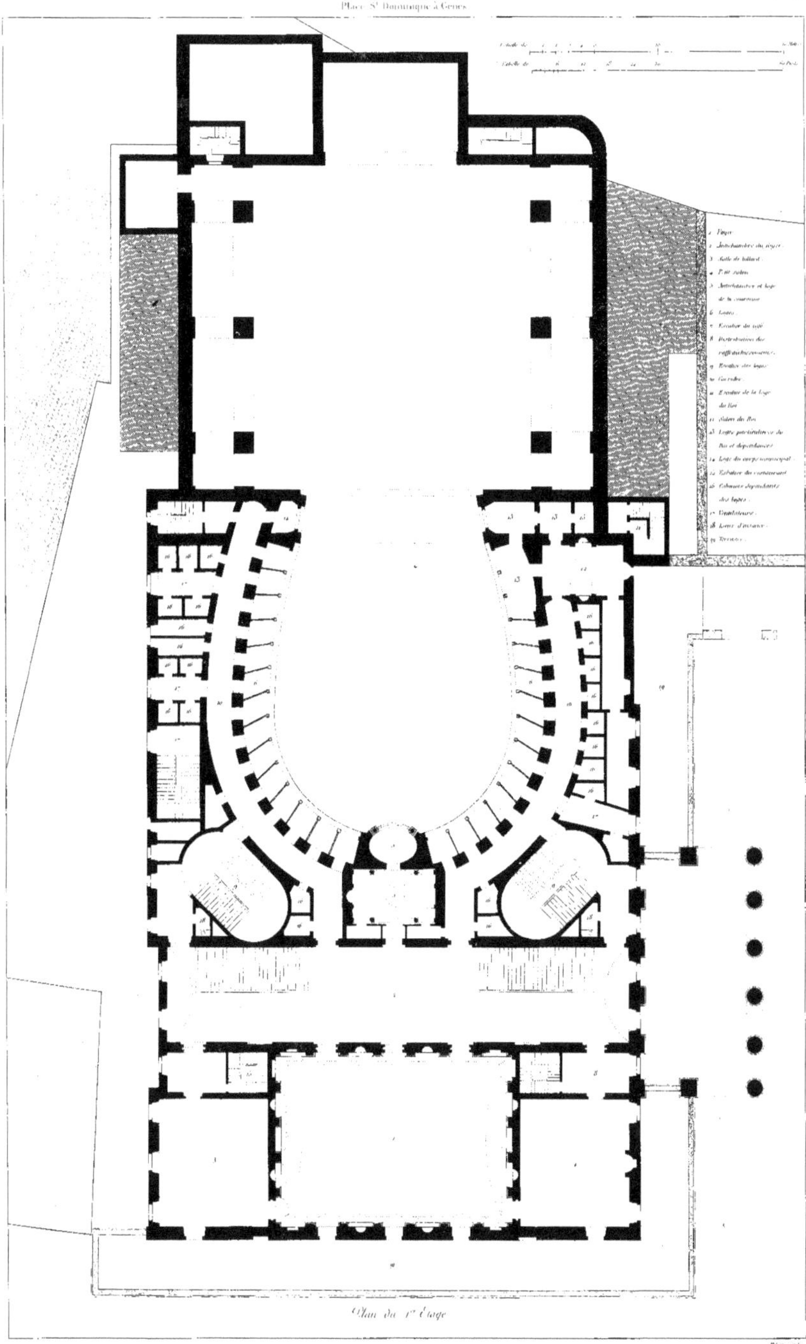

Plan du 1er Étage

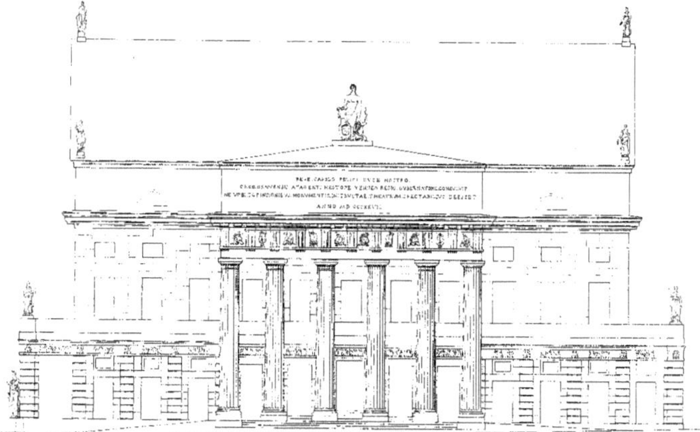

Élévation principale

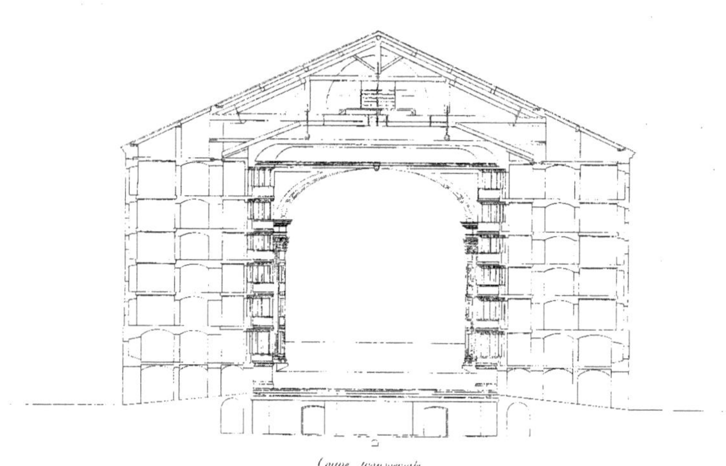

Coupe transversale

Échelle de ... des Pieds

Échelle de ... Mètres

Hibon sculp.

NOUVEAU THÉÂTRE
à Gênes

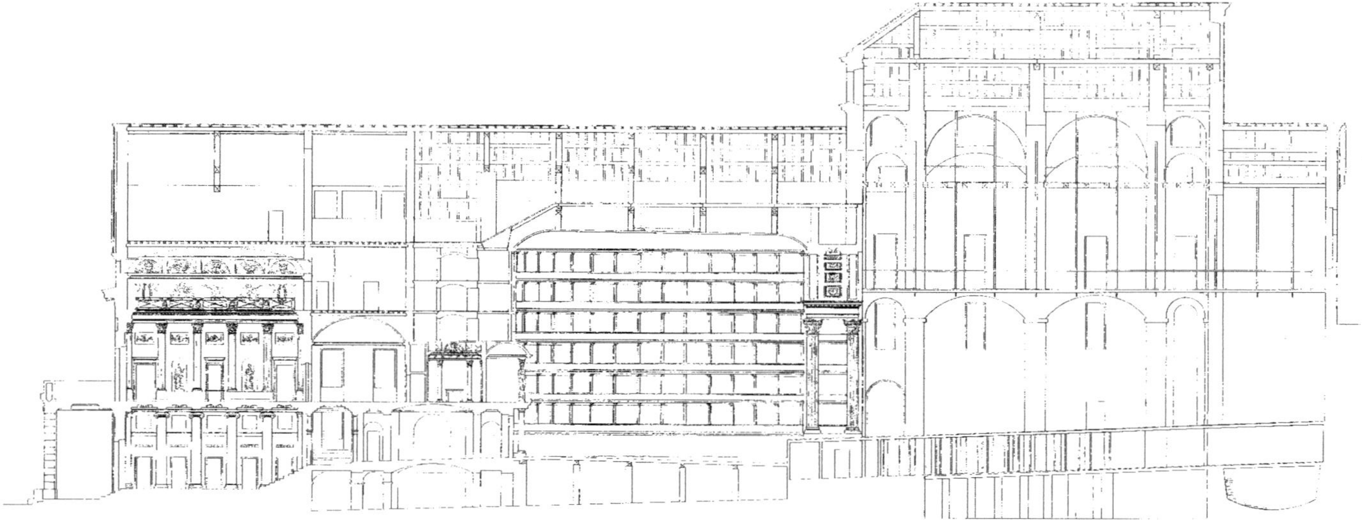

Coupe longitudinale

Échelle de ... Pieds

L'échelle de ... Mètres